MITSUBISHI

MITSUBISHI
High Tech im Zeichen der drei Diamanten

Nikolaus Reichert Michael Kirchberger

Südwest

ISBN 3-517-01156-8

© 1989 Südwest-Verlag GmbH & Co. KG, München
Alle Rechte vorbehalten.
Nachdruck nur mit Genehmigung von MMC Auto Deutschland GmbH, Presse und Public Relations
Gestaltung: Dietmar Rautner
Technische Herstellung: Sellier Druck GmbH, Freising
Printed in Germany

Inhalt

10 Der Anfang einer langen Geschichte

36 Auf eigenen Rädern

58 Die ganze Welt im Blick

80 Technik-Forum

86 Spielplatz der Erfinder

96 Es lebe der Sport

116 Die Welt von Mitsubishi

142 Die Zukunft hat schon begonnen

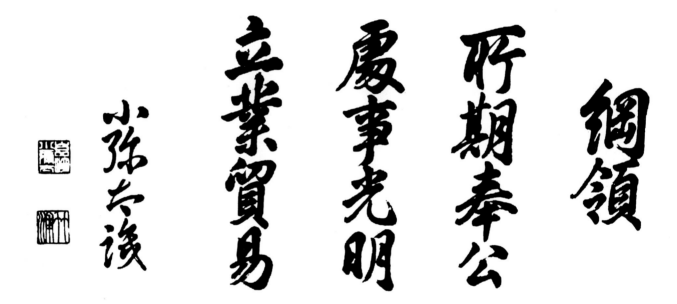

Verantwortung gegenüber der Gesellschaft,
Redlichkeit und Fairneß,
Völkerverständigung durch Handel.
Diese Unternehmensphilosophie hat bis heute
für die vielen Mitsubishi-Unternehmen Gültigkeit.

Der Anfang einer langen Geschichte

Wir schreiben das Jahr 1870. In Frankreich tobt der Deutsch-Französische Krieg, in Großbritannien steht das »Viktorianische Zeitalter« in vollster Pracht, im nunmehr zum Königreich gehörenden Venedig promenieren italienische Offiziere über den Markusplatz. Im Fernen Osten, in Japan, ist gerade die vielhundertjährige Herrschaft der Shogune zu Ende gegangen. In der neuen »Hauptstadt des Ostens« Edo, das den neuen Namen Tokio erhält, führt Kaiser Meiji die Staatsgeschäfte. Für seine Untertanen beginnt ein neues Leben. Die Shogune hatten in der Vergangenheit jeglichen Außenhandel unterbunden; nur wenige Japaner bekamen Gelegenheit, das Land zu verlassen und mit anderen Völkern Kontakt aufzunehmen. Die Entwicklung einer städtisch-bürgerlichen Kultur war das hauptsächliche Ziel der Machthaber gewesen, Kaiser Meiji jedoch erkennt, daß Japan den Weg in die Zukunft nicht allein antreten sollte. Plötzlich wird fieberhaft mit der beinahe in Vergessenheit geratenen Außenwelt verhandelt. Die bisher für fremde Schiffe gesperrten Häfen werden geöffnet, die Seefahrt wird schnell zum wichtigsten Wirtschaftsfaktor des Inselstaates. Um kostbare Zeit zu gewinnen, importieren die Japaner westliche Technologien. Dieser Schritt soll der mit modernen Produktionsmethoden unerfahrenen Industrie des Landes ein schnelles Wachstum ermöglichen. Auch das Staatswesen ändert sich. Die von hölzernen Zeremonien begleiteten Handlungsweisen in Justiz und Verwaltung werden nach europäischem Vorbild neu organisiert.

Ein Kaufmann mit Drang zu Höherem

Yataro Iwasaki war Kaufmann, ein gestandenes Familienoberhaupt, das mit seinem gewaltigen Schnauzbart Macht und Ruhe ausstrahlte. 1834 wurde er als Sohn eines verarmten Samurai in einem trostlosen kleinen Dorf an der Pazifikküste geboren. Der Drang, das Elend und die Armut seiner Familie zu beenden, zog sich wie ein Leitfaden durch das junge Leben des ehrgeizigen Japaners. Durch harte, körperliche Arbeit verdiente er das Geld, mit dem er später seine Studien finanzieren wollte. Als Yataro schließlich zum Studium an der Universität in Tokio zugelassen wurde, rannte er an einem einzigen Tag 65 Kilometer weit in sein Heimatdorf, um seiner Familie die glückliche Botschaft mitzuteilen. Nach dem Abschluß an der Kaiserlichen Hochschule stürzte er sich mit einem gewaltigen Schritt in die für ihn völlig neue Welt des internationalen Handels. Er importierte Waren aus China, schickte andere nach Indien, hielt sogar

Yataro Iwasaki und die Leiter der Tsukumo-Shokai-Handelsgesellschaft nach der Gründung.

Das neue Firmensymbol – ein Kombination aus Diamanten und Eichenblättern.

Yataro Iwasaki – der Gründer von Mitsubishi. Ihm zu Ehren wurde diese überlebensgroße Statue 1986 in der südjapanischen Provinz Kochi errichtet, wo Iwasaki 1834 geboren wurde.

Koyata Iwasaki, der vierte Präsident von Mitsubishi und Neffe des Firmengründers, formulierte später die Unternehmensgrundsätze: »Verantwortung gegenüber der Gesellschaft, Redlichkeit und Fairneß, Völkerverständigung durch Handel.«

Kontakt mit dem fernen Amerika. Enttäuscht von der Unzuverlässigkeit vieler damals neu entstandener Schiffahrtsgesellschaften blieb Iwasaki jedoch nicht beim Handel. Um den Warentransport zwischen Japan und den Geschäftspartnern schneller und zuverlässiger abwickeln zu können, übernahm der eifrige Kaufmann in eben jenem Jahr 1870 drei eigene Schiffe und gründete die Tsukumo-Shokai-Handelsgesellschaft. Das junge Unternehmen wuchs sprunghaft – und verfügte schnell über dreißig Dampfschiffe, mit denen Japans erste internationale Liniendienste eingerichtet wurden. Die japanische Regierung erkannte bald, daß Iwasakis Reederei überlegt und erfolgreich wirtschaftete, daß alle Geschäfte mit größter Loyalität gegenüber dem japanischen Staat abgeschlossen wurden. Die Oberen unterstützten ihren treuen Bürger mit lukrativen Aufträgen und günstigen Krediten. 1875 änderte Iwasaki den Namen seines Unternehmens. »Mitsubishi Steamship Company« nannte sich die Handelsgesellschaft nun. Das neue Firmensymbol setzte sich zusammen aus dem Familienwappen Iwasakis – drei Diamanten – und dem der befreundeten Familie Yamanouchi, einem Dreieck von Eichenblättern. Der neue Firmenname beschrieb das Emblem; »Mitsu« heißt in der deutschen Übersetzung drei, »Bishi« bedeutet Diamanten. Jeder der drei Edelsteine symbolisiert einen der Grundsätze, die Koyata Iwasaki, der Neffe des Firmengründers, später für das Unternehmen formulierte und deren Konsens Mitsubishi zu einem der erfolgreichsten und hochentwickeltsten Firmenverbund der Welt machen sollte: Verantwortung gegenüber der Gesellschaft, Redlichkeit und Fairneß, Völkerverständigung durch Handel.

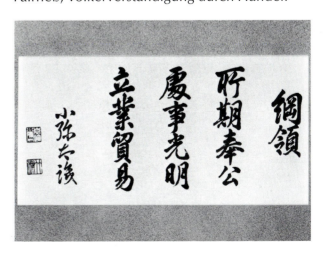

Ein Samurai als Firmenchef

Yataro Iwasaki

Viele Jahre hat Yataro Iwasaki, der erste Präsident des Mitsubishi-Firmenverbundes, hart gearbeitet, lange Zeit als kleiner Angestellter in anderen Unternehmen eine schwere Schule absolviert. Verständlich, wenn der »Selfmademan« während seiner Präsidentschaft ein hartes, teilweise aggressives Regiment führte. Takao Tsuchiya, Professor an der Universität Tokio, hat sich mit dem Lebenslauf Iwasakis beschäftigt. »In der langen Geschichte von Japan wäre es schwierig, jemanden zu finden, der so schrecklich aggressiv war wie Yataro Iwasaki«, sagt der Wissenschaftler. In vielen Biographien wird der erste Mitsubishi-Präsident als »großer Mann«, aber auch als »Ungeheuer« oder »launischer Abenteurer« bezeichnet. Diese Kommentare werfen freilich nur einen kleinen Lichtstrahl auf die Geschäfts-Philosophie des Firmengründers. Die Historiker Japans sehen darin heute einen Ausdruck »patriotischer Sentimentalität«, die in ihrem Wesen tief im Charakter eines Samurai verankert ist.

Der Artikel eins der Gesellschafts-Satzung von 1878 bestätigt mehr als deutlich die »Führung mit eiserner Hand«: Auch wenn unser Unternehmen den Namen und die Struktur einer Gesellschaft angenommen hat, Tatsache ist, daß es ein familiengeführtes Geschäft ist und sich gänzlich von Companien mit Fremdkapital unterscheidet. Deshalb werden alle geschäftsrelevanten Entscheidungen so wie Belohnung, Bestrafung oder Beförderung dem Präsidenten unterbreitet und von ihm allein entschieden.«

Diese absolut souveräne Geschäftsführung sicherte dem jungen Unternehmen trotz aller Vorbehalte gegen totalitäre Regime wesentliche, für die damalige Zeit wichtigen Eigenschaften: Der japanische Staat konnte sich als großer und vor allem populärer Auftraggeber unbedingt auf das Wort des Präsidenten verlassen. Schließlich genießt das Wort eines Samurai-Nachfahren auch heute noch vollkommenes Vertrauen. So heißt es in einer Empfehlung Iwasakis an seine Angestellten: Jeder Geschäftsmann muß das Prinzip der Integrität beachten. Das Motto unserer Gesellschaft heißt deshalb, unseren Geist für die Sicherheit und das Wohlergehen unserer Nation einzusetzen.

Auf diesem Regenwasserbehälter, der für Löschzwecke aufgestellt wurde, taucht bereits 1870 zum ersten Mal das Zeichen auf, das später zum Firmensymbol von Mitsubishi werden sollte.

Abbildungen auf der rechten Seite von oben nach unten: 1887 übereignete die japanische Regierung die Schiffswerft von Nagasaki an Mitsubishi. – Die Maschinenfabrik auf dem Gelände der Mitsubishi-Werft in Kobe wurde zur Geburtsstätte der Mitsubishi Motors Corporation. – 1940 wurde der Luxusdampfer »Kobe Maru« für den Passagierdienst nach China vom Stapel gelassen. Mit einer Höchstgeschwindigkeit von 21,5 Knoten setzte sie für die damalige Zeit Maßstäbe.

Die dunkle Seite der Regierungstreue

Der hohe Grad an Loyalität hatte allerdings nicht immer Erfolg. Als 1881 Shigenobu Ohkuma, ein führender und dem jungen Unternehmen durchaus gewogener Politiker, von einem seiner Gegner besiegt wurde, entfachte eben dieser Nachfolger sofort einen heftigen Kampf gegen die Mitsubishi-Organisation. Die Regierung gründete eine Reederei, die mit umfangreichen Regierungsaufträgen bedacht wurde und der Mitsubishi-Reederei wirtschaftlich arg zusetzte. Der Konkurrenzkampf eskalierte, schnell kam es zu gewalttätigen Auseinandersetzungen.

Die gegnerischen Schiffe wurden mit Waffengewalt zum Stoppen gezwungen, um den eigenen einen entscheidenden Zeitgewinn zu bescheren, zum Teil wurden Schiffe sogar gekapert und deren Ladung versenkt.

1887 wurde der Streit mit der Gründung einer gemeinsamen neuen Gesellschaft beigelegt. Die Nippon Yusen K. K. (NYK) gehörte zu jeweils 50 Prozent den beiden ehemaligen Kontrahenten. Mitsubishi verlor durch diesen Schritt zwar den Geschäftsbereich, in dem das Unternehmen die Führung innerhalb Japans besessen hatte, später jedoch kam die NYK durch geschicktes Wirtschaften sowie Verhandeln wieder unter die Fittiche des Mitsubishi-Firmenverbundes. Heute ist die Mitsubishi-Gesellschaft Nippon Yusen K. K. eine der bedeutendsten Reedereien der Welt.

Die kurze und für das japanische Bewußtsein typische Anekdote zeigt deutlich, wie ernst Yataro Iwasaki es mit seinen selbstformulierten Ansprüchen meinte. Das Wohl des Staates – so wie er ihn sah – lag ihm am Herzen wie kaum etwas anderes. 1885, im selben Jahr, in dem der jüngere Bruder des Firmengründers die Geschicke der Gesellschaft in die Hand nahm, endeten die Tage Yataro Iwasakis. Er starb mit dem unantastbaren Selbstbewußtsein eines Samurais, die Welt nach seinen Möglichkeiten zum Guten verändert zu haben.

Schiffsbau – die Wiege des Konzerns

Frühe Mitsubishi-Werbung für die Lösung von Transportproblemen.

Bereits im letzten Zehntel des 19. Jahrhunderts war Mitsubishi unter der weitsichtigen Führung Iwasakis während seiner Präsidentenzeit von 1871 bis 1885 und der seines jüngeren Bruders Yanosuke von 1885 bis 1893 zum größten Konzern des Kaiserreichs gewachsen. Die Schiffe der Reederei wurden mittlerweile auf eigenen Werften gebaut. 1887 hatte der Mitsubishi-Konzern Japans erstes Schiff mit einem Stahlrumpf konstruiert; 1898 läuft unter der Führung des dritten Präsidenten Hisaya Iwasaki (1893 bis 1916) auf der Werft in Nagasaki das größte Dampfschiff dieser Zeit vom Stapel. Die MS »Hitachi Maru« hatte eine Verdrängung von 6172 Tonnen und wurde von zwei 3874 PS starken Dampfmaschinen angetrieben. Die Konstruktion der Hitachi Maru war geradezu revolutionär. Statt der damals noch üblichen Radschaufeln links und rechts des Rumpfes war das Mitsubishi-Schiff mit einer Propellerschraube am Heck ausgerüstet, die ihm eine Spitzengeschwindigkeit von etwa 14 Knoten (26 km/h) verlieh, ein für die damalige Zeit unerhörtes Tempo.

Das größte Dampfschiff seiner Zeit: die »Hitachi Maru«.

Luxuriöses Interieur der »Hitachi Maru«.

Mitsubishis erstes Lagerhaus.

Bereits 1887 richtete Mitsubishi eine regelmäßige Schiffahrtslinie zwischen Japan und Europa ein.

1890: Mitsubishi Chikugogawa-maru
Japans erstes Stahlschiff war circa 53 Meter lang und hatte eine Wasserverdrängung von 610 Tonnen.

1898: Mitsubishi Hitachi-maru
Japans erstes Passagierschiff für die Europa-Route mit zwei Dreifach-Expansions-Dampfmaschinen.

1898: Mitsubishi Tsukishima-maru
Japans erstes Segelschulschiff mit einer Länge von 72,5 Meter kam unter vollen Segeln auf 8,5 Knoten.

1902: Mitsubishi Hatsukaze
Diese Dampf-Yacht für den Kaiser war 27 Meter lang.

1903: Mitsubishi Nikko-maru
Mit einer Geschwindigkeit von 17,7 Knoten war die Nikko-maru das schnellste Schiff seiner Zeit.

1902: Mitsubishi Oura-maru
Das erste japanische Rettungsschiff mit Dampfantrieb war 56,7 Meter lang und über 12 Knoten schnell.

1907: Mitsubishi Koyo-maru
Die 198-Tonnen-Yacht mit Dampfantrieb kam auf 10 Knoten Reisegeschwindigkeit.

MITSUBISHI
WAVE OF PREPARATION
SINCE 1887

Die wertvollen Erfahrungen und technologischen Erkenntnisse, die Mitsubishi aus der Entwicklung und dem Bau von Schiffen gewann, bereiteten den Weg für eine Ausweitung der Aktivitäten auf andere Gebiete. 1917 begann Mitsubishi so mit der Produktion des „Model A", Japans erstem Serien-PKW.

1905: Mitsubishi Tango-maru
Mit einer Wasserverdrängung von 7 463 Tonnen und einer Länge von 135,6 Meter war die Tango-maru der größte Ozeandampfer seiner Zeit.

1906: Mitsubishi Ogasawaramaru
Japans erster eigener Kabelverleger war 74 Meter lang und 13 Knoten schnell.

1935: Mitsubishi Tachibana-maru
Ein schneller Ausflugsdampfer mit einer Spitze von 18 Knoten.

1929: Mitsubishi Buenos Aires-maru
Mit 9 625 Tonnen und einer Länge von 140 Meter war die Buenos Aires-maru Japans erster Transatlantik-Liner.

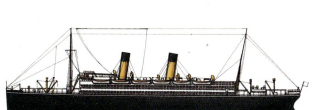

1908: Mitsubishi Tenyo-maru
Japans erster Ozeandampfer mit Turbinenantrieb hatte eine Wasserverdrängung von 13 454 Tonnen und erreichte eine Reisegeschwindigkeit von 20 Knoten.

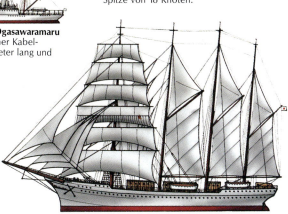

1924: Mitsubishi Shintoku-maru
Das größte Segelschiff der Welt zu seiner Zeit maß vom Bug bis zum Steven 85 Meter, wies eine Wasserverdrängung von 2 518 Tonnen auf und war unter vollen Segeln über 10 Knoten schnell.

Um den Schiffsbau herum war innerhalb des Konzerns ein abgeschlossenes wirtschaftliches und technisches System entstanden. Die Rohstoffe wurden in Form von Bodenschätzen in eigenen Kohle-, Kupfer- und Erzbergwerken abgebaut; neue Eisenhütten und Stahlwerke verarbeiteten das Erz weiter und belieferten die Werften. In Kobe und Shimonoseki waren weitere Werftanlagen errichtet worden, unterstützt vom wachsenden Außenhandelsvolumen florierte der Schiffsbau.

In dieser Zeit wurde die Weiterentwicklung des Schiffs- und Maschinenbaus in Japan erstmals wissenschaftlich vorangetrieben. Mitsubishi konstruierte das erste Experimentierbecken für Fracht- und Passagierschiffe, in dem wichtige Erkenntnisse über Strömungsverhältnisse erlangt werden konnten. Als Folge dieser Versuche entstand 1908 die »Tenyou Maru«, ein kombiniertes 13 454 Bruttoregistertonnen großes Fracht- und Personenschiff, das mit seiner 19 000 PS starken Turbine die phantastische Geschwindigkeit von 20,5 Knoten, fast 38 Kilometer in der Stunde, erreichte. Der Antrieb der Tenyou Maru setzte neue Zeichen im Schiffsbau. Ihr Turbinenaggregat war weltweit die erste Schiffsmaschine, die mit Rohpetroleum arbeitete. Im gleichen Jahr lief bei den Mitsubishi-Werften die »Sakura Maru« vom Stapel, Japans erster Seenot-Rettungskreuzer.

Mitsubishis erste Hauptverwaltung wurde 1894 in Tokios Marunouchi-Bezirk eröffnet.

Banken und Bier von Mitsubishi

Doch nicht nur der Industrie widmete der junge Konzern seine Aufmerksamkeit, bald entsannen sich die Führungskräfte der Wurzeln, aus denen Mitsubishi hervorgegangen war, dem Handel. Die Mitsubishi-Schule der Handelsmarine entließ die ersten professionell ausgebildeten Matrosen, eigene Bankhäuser entstanden. Auch die Meiji-Versicherungsgesellschaft, heute die größte Lebensversicherung in Japan, und die Tokio Marine and Fire Insurance, heute einer der größten Sachversicherer Japans, wurden damals gegründet. Auch für Konsumgüter war Platz in der Mitsubishi-Familie: Die Kirin-Brauerei nahm ihre Arbeit auf, der würzige Gerstensaft wurde schnell zum beliebten Getränk in Japan. Heute verfügt Kirin über die modernsten Brau- und Abfüllanlagen der Welt. Den großen Erfolg leiten

Bier-Lieferwagen der Kirin-Brauerei um die Jahrhundertwende mit ausgefallener Werbung.

Der erste Eisenbahnwagen (1911).

die Getränkefachleute aus der hervorragenden Qualität des Biers mit dem Drachen auf dem Etikett ab. Seit damals schon braut Kirin nach deutschen Rezepten und hat heute einen Marktanteil von mehr als 50 Prozent.

Neue Geschäftszweige – ein Automobil spukt in den Köpfen

Die Kontakte zu technisch und wirtschaftlich hochentwickelten Industrieländern blieben nicht ohne Folge für die Firmenpolitik des Hauses Mitsubishi. So wurde 1916 Koyata Iwasaki, der 38jährige Sohn Yanosukes, neuer Konzern-Chef. Der graduierte Cambridge-Absolvent war von den europäischen Transport- und Verkehrssystemen stark beeindruckt. Mit dem Ziel, das Leben in Japan durch industriebedingten Wohlstand leichter und komfortabler zu machen, setzte er die wichtigsten Änderungen in der Struktur des weitverzweigten Konzerns um. Unter seiner Regie entstanden der Kamerahersteller Nippon Kogaku K.K., besser bekannt unter dem Markennamen Nikon, die Mitsubishi Oil Company, die Mitsubishi Electric Ltd. und natürlich die Unternehmen im Schwerindustriebereich, die Mitsubishi Heavy Industries (MHI). Diese wurden in den Folgejahren zum wichtigsten Bestandteil des Konzerns, wie ihn sich Koyata Iwasaki vorstellte. Während der Schiffsbau mit unverändertem Erfolg weiter betrieben wurde, entstand in anderen Werken 1911 der erste japanische Eisenbahnwaggon; ein Staatsauftrag war die Folge.

Die Weichen für ein stärkeres Engagement im Landverkehr hatte kurz zuvor bereits ein anderer Mitsubishi-Präsident gestellt: Ryukichi

Kawadas dampfbetriebenes »Lokomobil« steht heute im Museum.

Japans erster Autofahrer: Ryukichi Kawada.

三菱A型　大正6年(1917)

Kawada. Der Geschäftsführer der Mitsubishi-Yokahama-Werften hatte in Glasgow Maschinenbau studiert und war von einem Lokomobil, einem dampfbetriebenen Auto, das er in den Vereinigten Staaten erstmals gesehen hatte, außerordentlich begeistert. 1901 hatte er eines der qualm- und funkenstiebenden urtümlichen Vehikel gekauft und nach Japan gebracht. Kawada war Nippons erster Autofahrer, auch wenn es in seiner Heimat zunächst noch recht wenig Einsatzmöglichkeiten für ein derartiges Vehikel gab.

A wie Anfang – und wie Automobil

Das Automobil gewann in Japan nicht so schnell an Bedeutung wie in anderen Industrieländern. Das Verkehrswesen war vollständig auf Importe angewiesen. Immer wenn an den Kais der Hafenstädte Fahrzeuge entladen wurden, gab es unter den Kränen Gedränge; jeder wollte einen Blick auf dieses ungewöhnliche Ding namens Auto werfen. Das Straßennetz des Inselstaates war in katastrophalem Zustand, die Fahrwege vom Regen und von den Rädern schwerer Och-

Mitsubishis Model A erscheint 1917 und bietet sieben Personen Platz.

Stolz posierten die Arbeiter der Mitsubishi-Werft und Maschinenfabrik in Kobe vor dem ersten Model A.

Nur drei Jahre später wird die Serienproduktion des Model A wieder eingestellt – Nutzfahrzeuge waren gefragt.

1917: Mitsubishi Model A
Japans erster Serien-PKW mit 35 PS bot bis zu sieben Fahrgästen Platz.

1932: Mitsubishi Fuso BT 38 Bus Tractor
Dieser 28sitzige Bus konnte gleichzeitig einen 6-Tonnen-Frachtanhänger schleppen.

1934: Mitsubishi Fuso BS 43 Bus
Mittelgroßer, schneller Ausflugsbus mit Sechszylindermaschine.

1935: Mitsubishi Type 94 Truck
Dieser geländegängige Dreiachser mit 70-PS-Motor konnte zwei Tonnen laden.

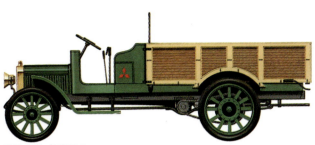
1918: Mitsubishi T-1
Mitsubishis erster LKW wurde als Drei- und Viertonner angeboten und von einem Vierzylinder-Benzinmotor mit 30 PS angetrieben.

1934: Mitsubishi PX-33
Japans erster Allrad-PKW mit Dieselmotor.

MITSUBISHI
ROAD OF DISTINCTION
SINCE 1917

Seit über 70 Jahren hat der Pioniergeist von Mitsubishi zu einer Reihe von Motorfahrzeugen geführt, von denen jedes einzelne sich durch hohe Qualität auszeichnet. Allen gemeinsam sind Zuverlässigkeit, Haltbarkeit, Leistungsfähigkeit und hoher Verarbeitungsstandard. Diese Hingabe zur Perfektion garantiert den Weg von Mitsubishi: Qualität und Innovation.

1932: Mitsubishi Fuso B 46 Bus
Mit seinem 100-PS-Benzinmotor erreichte er rund 70 km/h und war damit der schnellste Bus Japans seiner Zeit.

1946: Mitsubishi Mizushima
Dieses sehr populäre, motorbetriebene Dreirad konnte 0,4 Tonnen befördern.

1935: Mitsubishi BD 46 Bus
Japans erster Diesel-Bus leistete 70 PS aus seinem Vorkammer-Dieselmotor mit 7 270 Kubikzentimeter Hubraum.

1951: Mitsubishi Fuso T 31 Truck
Mit acht Tonnen Ladekapazität war der Fuso T 31 der größte LKW Japans zu seiner Zeit.

1959: Mitsubishi LEO
Das Dreirad LEO wurde in knapp drei Jahren insgesamt 27 842mal verkauft.

1959: Mitsubishi Jupiter T 22 Truck
Dieser 3,5-Tonner wurde von einer 3,3-Liter-Dieselmaschine mit 85 PS angetrieben.

1950: Mitsubishi Fuso R 1
Japans erster Bus mit Heckmotor konnte 76 Fahrgäste aufnehmen und sein 8,5-Liter-Dieselmotor leistete 130 PS.

MITSUBISHI MOTORS

senfuhrwerke zerfurcht. Überlandfahrten im Automobil waren abenteuerlich, dauerten in der Regel sehr viel länger als mit der vergleichsweise gut funktionierenden Eisenbahn. Die Japaner mußten daher noch geraume Zeit auf ein Auto aus heimischen Werken warten; die Industrie hatte erhebliche Schwierigkeiten, ein eigenes Produkt anzubieten. Erste Versuche im Automobilbau waren daher zum Scheitern verurteilt. So entstanden lediglich eine Handvoll Prototypen in den ersten zehn Jahren des jungen Jahrhunderts. Koyata Iwasaki war es schließlich, der die Wiege der japanischen Automobilindustrie schreinerte. Der Mitsubishi-Präsident war begeistert von den Möglichkeiten, die ihm Ryukichi Kawada mit seinem Lokomobil vorführte. Die Dampfmaschine als Antrieb für ein Straßenfahrzeug hielt Iwasaki jedoch für eine schlechte Lösung. Die Erfindung des Ottomotors war seit geraumer Zeit auch in Japan bekannt, die technischen Schwierigkeiten beim Bau von Verbrennungsmaschinen waren hinreichend gelöst worden.

Die Entscheidung, ein Fahrzeug zu entwickeln, das erschwinglich und zuverlässig war, fiel im Jahr 1916. Bisher kannte man nur die Import-Fahrzeuge aus Amerika und Europa. Autos aus den Vereinigten Staaten, so hieß es, seien zwar schneller, aber die aus Europa zuverlässiger, ausgereifter und vor allem sparsamer. Dies waren wichtige Kriterien für den japanischen Bedarf; schließlich galt Treibstoff als Mangelware. Die Entscheidung wurde also zugunsten eines europäischen Konzepts getroffen. Große Sitzkapazität, hohen Komfort und vor allem enorme Wirtschaftlichkeit sollte das Mitsubishi-Auto bieten.

Nur ein Jahr später öffneten sich die Tore der Mitsubishi-Werft und Maschinenfabrik in Kobe. Stolz posierten die Arbeiter 1917 vor ihrem Meisterstück für den Fotografen: Das erste serienfähige Automobil, das Mitsubishi Model A, war vollendet. Ein Team junger Techniker hatte ohne nennenswerte Verzögerungen ein völlig neues Fahrzeug geplant, konstruiert und schließlich gebaut. Das Model A bekam einen 2,8-Liter-Vierzylindermotor, der für damalige Verhältnisse stolze 35 PS leistete. Der Holzrahmen wurde mit kunstvoll lackierten Blechen verkleidet, im Innenraum hatten sieben Fahrgäste Platz. Obwohl Autoexperten von der Zuverlässigkeit und dem Komfort des Mitsubishi-Wagens begeistert waren, der Preis nur ein Viertel dessen betrug, was Import-Autos damals kosteten, hatte das Model A keinen wirtschaftlichen Erfolg. Das immer noch mangelhafte Straßennetz und die immer noch zu geringe Kaufkraft der Bevölkerung in dieser Zeit waren die schwerwiegendsten Verkaufshindernisse. So konnten lediglich 20 Exemplare des Model A in Kundenhand übergeben werden. Drei Jahre nach dem Serienstart wurde der Personenwagenbau daher wieder eingestellt. Dennoch stand das Model A im Jahr 1922 als Beispiel für japanische Schaffenskraft auf der Industriemesse in Tokio.

Lastwagen für die junge Industrie

Das japanische Verkehrswesen benötigte zu dieser Zeit etwas anderes: Solide Nutzfahrzeuge für den Materialtransport. Nachdem Mitsubishi bereits 1918, übrigens parallel zur Konstruktion einer ersten Dampflokomotive, ein erfolgversprechendes Konzept für einen Lastwagen entwickelt und auch ein Prototyp bei Versuchsfahrten seine Tauglichkeit bewiesen hatte, begann das Werk in Kobe 1921 mit der Serienfertigung

Problemlos absolvierten vier T-1-Lastwagen den geforderten 1000-Kilometer-Dauertest.

1920 entsteht Mitsubishis erste Dampflok 0-10-0.

von Leichtlastwagen. Der Lastwagen T-1 war in zwei Versionen geplant: ein Modell mit drei und eines mit vier Tonnen Gesamtgewicht. Beide sollten von einem vierzylindrigen Benzinmotor angetrieben werden, der 30 PS leistete. Einen von der japanischen Regierung geforderten 1000-Kilometer-Dauertest absolvierten vier T-1-Lastwagen tadellos. Als Folge dieser Bewährungsprobe bekam Mitsubishi zahlreiche Regierungsaufträge. In Tokio etwa fuhren die T-1-Laster regelmäßig als Wasserwagen durch die Straßen. Zahlreiche Fahrbahnen der Stadt waren zu dieser Zeit noch nicht gepflastert; die Sprengwagen berieselten die Straßen, um den Staub zu binden.

1923 wurde eine ganze Flotte von siebzig Mitsubishi-Lastwagen beim Wiederaufbau von Tokio eingesetzt, nachdem die Stadt durch ein katastrophales Erdbeben weitgehend zerstört worden war. Über hunderttausend Menschen lagen unter den Trümmern begraben, Tag und Nacht rollten die Lastwagen durch die zerstörten Häuserfluchten, um Schutt aus der Stadt zu fahren und wiederum Lebensmittel und Medikamente hineinzubringen.

Der Schritt nach Deutschland

Kurze Zeit vorher hatte Mitsubishi jedoch als erste japanische Firma einen für die Zukunft sehr bedeutenden Schritt unternommen. Im September 1919 besuchten die Kaufleute des Handelshauses von Mitsubishi die deutsche Hauptstadt Berlin und führten Gespräche mit den Vertretern der europäischen Wirtschaft. Ein Jahr später wurde eine Filiale Berlin gegründet. Mitsubishi war die erste japanische Handelsfirma mit einer eigenen Niederlassung in Deutschland. Moto-

1921 entstand Mitsubishis erster Doppeldecker, 1922 folgte eine Dreidecker-Version (links im Bild).

Bei den Nagoya-Flugzeugwerken entstand 1928 der erste Windkanal Japans.

»Hinazuru«, Japans erstes in Großserie hergestelltes Passagierflugzeug von Mitsubishi (1936).

»Göttlicher Wind« heißt das Flugzeug, das 1937 einen Geschwindigkeitsrekord zwischen Tokio und London aufstellt: 15 357 Kilometer in 94 Stunden, 18 Minuten.

Ein weiterer Mitsubishi-Rekordflug folgt 1938: In 200 Flugstunden legt »Nippon-go« bei einer Tour um den Globus 52 260 Kilometer zurück.

1922: Mitsubishi 1MT1N
Einziger in Japan produzierter Dreidecker mit einer Höchstgeschwindigkeit von 209 km/h.

1923: Mitsubishi Hanriot 28 Trainer
Doppeldecker als Trainingsflugzeug mit 240 km Aktionsradius und 110 km/h Spitze.

1924: Mitsubishi T1.2 Convert-model Aeroplane
Dieses Modell wurde für meteorologische Beobachtungen genutzt. Es konnte 6 Stunden in der Luft bleiben.

1921: Mitsubishi 1MF1
Mitsubishis erstes Flugzeug läutete eine neue Ära der Flugzeugentwicklung ein. Seine Höchstgeschwindigkeit lag bei 225 km/h und es konnte zweieinhalb Stunden in der Luft bleiben.

1926: Mitsubishi Tiper-type Long-range Research Plane.
Dieser Typ stellte mit 1530 Kilometern in acht Stunden und 21 Minuten Langstreckenrekord auf. Er konnte bis zu 12 Stunden in der Luft bleiben und war 225 km/h schnell.

1927: Mitsubishi Dragonfly-type Trainer
Dieses Wasserflugzeug wurde für Überwachungs- und Nachrichtenzwecke eingesetzt.

MITSUBISHI
WIND OF INNOVATION
SINCE 1921

Mit dem Schiff- und Flugzeugbau wuchs Mitsubishis Reichtum an technologischen Kenntnissen ständig. Wichtige Erfahrungen aus dem Luftfahrtbereich konnten bei der Automobilherstellung genutzt werden, neue Herstellungsmethoden wurden entwickelt und die Aerodynamik spielte von Anfang an eine entscheidende Rolle.

1928: Mitsubishi MC-1
Japans erstes Passagierflugzeug bot sechs Personen Platz und erreichte eine Höchstgeschwindigkeit von 190 km/h.

1930: Mitsubishi Type 90 Survey Plane
Dieses Überwachungs- und Trainingsflugzeug war 212 km/h schnell.

1930: Mitsubishi 2 MR 8 Trainer
Trainings- und Experimentalflugzeug mit 800 Kilometer Aktionsradius bei einer Spitze von 270 km/h.

1936: Mitsubishi Type-O Observation Plane
Mitsubishis letzter Doppeldecker diente als Beobachtungsflugzeug und war 370 km/h schnell.

1936: Mitsubishi Transportflugzeug (Typ Nippon-go)
Dieses zweimotorige Flugzeug stellte bei einem Rund-um-die-Welt-Flug 1939 einen neuen Weltrekord auf: 52 260 Kilometer in 194 Flugstunden.

1937: Mitsubishi Typ „Wildgoose"
Eine Maschine dieses Typs mit dem Namen „Divine Wind" (Göttlicher Wind) stellte einen Flug-Weltrekord auf der Strecke Tokyo-London auf: die 15 357 Kilometer lange Strecke wurde in 94 Stunden und 18 Minuten zurückgelegt (reine Flugzeit: 51 Stunden, 19 Minuten).

1939: Mitsubishi Typ 100 Transporter
Bei einer Vier-Mann-Crew konnte dieses Flugzeug elf Passagiere und 3 000 Kilogramm Fracht aufnehmen. Spitze: 430 km/h.

MITSUBISHI MOTORS

ren, Batterien, sogar deutscher Hopfen und deutsches Malz fanden über die Berliner Zentrale den Weg nach Japan. Allein zwischen 1936 und 1938 importierte Mitsubishi 3,6 Millionen Lord-Zigaretten der Firma Brinkmann. Im Gegenzug lieferten die Japaner Lebensmittel, Baumwoll- und Seidenartikel aus dem gesamten ostasiatischen Raum nach Europa. Damals entwickelte sich auch der Kontakt zur europäischen Flugzeugindustrie. Junkers vergab Lizenzen an Mitsubishi Corporation, in Japan wurden die bewährten Flugzeuge zunächst nachgebaut, später dann weiter- oder von Grund auf neu entwickelt. Schnell entdeckten die Ingenieure, daß die Aerodynamik nicht nur für Luftfahrzeuge eine wichtige Rolle spielt. Auch Automobile und Lokomotiven konnten durch eine strömungsgünstige Form schneller und wirtschaftlicher werden. 1928 entstand der erste Windkanal in Japan bei den Nagoya-Flugzeugwerken – natürlich eine Mitsubishi-Tochtergesellschaft. Die weitsichtigen Ingenieure dieser Flugzeugfabrik entwickelten und bauten diese zunächst als unsinnig bezeichnete Einrichtung, die in späteren Jahren ein unverzichtbares Werkzeug bei der Konstruktion von Automobilen werden sollte.

Japans erster Dieselmotor

Eine weitere Entwicklung schuf 1931 die Grundlage für das verstärkte Engagement der Mitsubishi-Automobilwerke im Nutzfahrzeugbereich. Mit der Typenbezeichnung 450AD erwachte der erste japanische Dieselmotor zum Leben. Alle bisher gebauten Fahrzeuge waren mit Benzinmotoren ausgerüstet worden. Die aufwendige, energie- und kostenintensive Herstellung von Benzinkraftstoff hatte zu einer landesweiten Spritverknappung geführt. Lastwagen und Automobile standen still, weil ihre Tanks nicht mehr gefüllt werden konnten. Die Entwicklung eines Dieselantriebs war notwendig, da Dieselöl natürlich einfacher und kostengünstiger produziert werden konnte. Der Motor 450AD hatte 7000 Kubikzentimeter Hubraum, arbeitete nach dem Direkteinspritzprinzip und leistete stolze 70 PS bei 1800 Umdrehungen. Er war der Vater einer erfolgreichen Dieselmotor-Familie, die in den folgenden Jahren ganz Japan mobilisieren sollte. Ein Jahr darauf entstand der Motor 445AD, der kleiner als der 450AD war und eine um fünf PS höhere Leistung erreichte.

Busfahren statt zu Fuß gehen

Die Bewohner der Stadt Tokio staunten nicht schlecht, als im Jahr 1932 der erste Großraumbus Japans über die Straßen der Metropole rollte. Am Kühlergrill prangten wieder einmal die Drei Diamanten, die Typenbezeichnung des 38sitzers lautete B-46 Fuso. Der Modellname Fuso hat sich in den folgenden Jahren mit großer Konstanz durch die Modellpalette der Mitsubishi-Nutzfahrzeuge gezogen und ist seit jeher die Bezeichnung für Lkw und Busse. In der japanischen Sprache ist Fuso der Name des »heiligen Baumes«, der farbenprächtig in roter und weißer Farbe blüht. Der B-46-Bus war noch mit einem Benzinmotor ausgerüstet. Er wurde hauptsächlich von staatlichen Stellen eingesetzt, und die konnten auf noch vorhandene Reserven an Ottokraftstoff zurückgreifen. Mit 100 PS Leistung erreichte der sieben Meter lange, 7,7 Tonnen schwere B-46 eine Höchstgeschwindigkeit von beachtlichen 100 Kilometer in der Stunde.

Japans erster Großraum-Bus in der Erprobung.

Der Serien-Bus bot 38 Passagieren Platz.

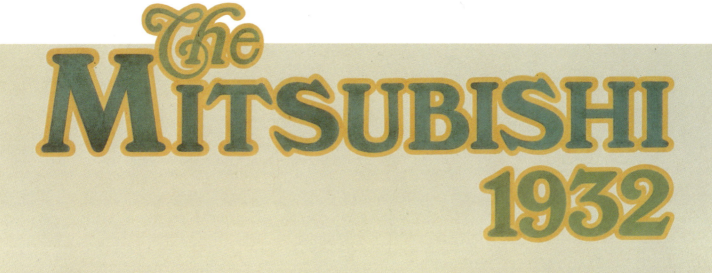

(Schiffsbau)-Gesellschaft gebaut, hieß der Hersteller der ersten Lastwagen bereits Mitsubishi Internal Combustion Engine (Verbrennungsmaschinen)-Gesellschaft. 1928 entstand als weiteres Unternehmen, die Mitsubishi Aircraft-Gesellschaft, 1934 schließlich wurden all diese Geschäftszweige in neuen Unternehmen geordnet: Für den Schiffsbau zeichnete von da an die Mitsubishi Shipyard Nagasaki verantwortlich, um den Verkehr zu Land, auf der Schiene und in der Luft kümmerte sich Mitsubishi Heavy Industries.

Exporterfolg: In Chinas Provinz laufen die B-46-Busse noch heute.

Immer schneller, immer größer: Nutzfahrzeuge

An den Gegebenheiten des Marktes änderte dies freilich wenig: Immer noch war der japanische Individualverkehr eine verschwindend kleine Komponente. Die rührige Bevölkerung Japans war vielmehr an guten öffentlichen Verbindungen interessiert. Selbst die Industrie richtete mit Bussen den Pendelverkehr zwischen Wohn- und Werks-Gebieten ein. Die Linienverbindungen über Land waren besonders in den unwegsamen Regionen im Inneren Japans eine unverzichtbare Einrichtung. Hier galt es vor allem – neben dem Personenverkehr – Güter zu transportieren. Mitsubishi hatte eine sensationelle Lösung für diese Art von Kombiverkehr entwickelt und 1932 vorgestellt. Der Bus-Traktor BT-38 konnte einerseits 28 Personen befördern, andererseits einen Anhänger mit sechs Tonnen Nutzlast ins Schlepp nehmen. Trotz des erhöhten Nutzens des Bus-Traktors wurden nur 15 Einheiten verkauft. Die stets eiligen Japaner beschwerten sich über die Wartezeiten, wenn Güter be- oder entladen wurden.

1934 wurde er auch mit einem 6750-Kubikzentimeter-70 PS-Motor gebaut. Bereits damals setzte das Haus Mitsubishi auf eine wohlüberlegte Kundenbetreuung. Serienmäßig bekam der B-46 ein übersichtlich gegliedertes Benutzerhandbuch mit auf seinen Weg. 63 Seiten hatte das detaillierte Werk, neben technischen Erläuterungen zur Bedienung und Pflege des B-46 wurden auch Reparaturanleitungen gegeben und darauf hingewiesen, daß »der Fahrer seine Fahrweise auf die Auslastung der Sitzplatzkapazität anzupassen hat«.

Der B-46 war auch einer der ersten Exporterfolge der Automobilbauer bei Mitsubishi. 30 Einheiten wurden unter großem Aufsehen nach China exportiert, wo sie nach Augenzeugenberichten noch heute in den Provinzen zuverlässig Dienst tun.

Die erste Neuorganisation

Mittlerweile hatten die Konzern-Oberen auf das sprunghafte Wachstum der neuen Unternehmensbereiche reagiert. Wurde das erste Serienautomobil noch von der Mitsubishi Shipbuilding

1934 präsentierte Mitsubishi erstmals Lkw mit einer hinteren Zwillingsachse

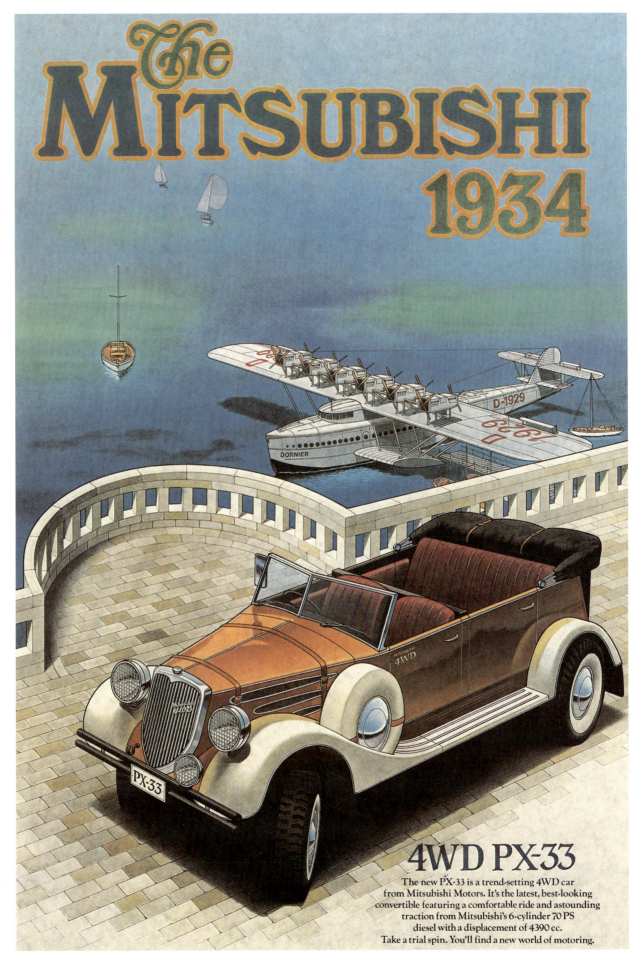

Der Trendsetter: 1934 kommt der PX-33 mit Allradantrieb, Dieselmotor und Klappverdeck auf den Markt.

Der Weg führte also wieder zurück zu getrennten Transportsystemen. 1934 präsentierte Mitsubishi zwei neue Lastwagen, erstmals mit einer hinteren Zwillingsachse. Der TS 35 hatte 2,5, der TS 28 zwei Tonnen Nutzlast. Diese beiden Modelle waren bedingt geländetauglich und wurden vor allem im Bergbau, aber auch vom japanischen Militär eingesetzt. Im gleichen Jahr startete Mitsubishi auch eine neue Bus-Baureihe. Die Typen BS 40 und 43 waren mittelgroße Fahrzeuge mit hervorragenden Fahrleistungen.

Beginn einer langen Karriere: der erste Allradantrieb

1934 gab es außerdem wieder eine Premiere im Personenwagenbau. Der PX 33, ein offener Tourenwagen mit Dieselmotor und Allradantrieb, war der Urahn des später so erfolgreichen Pajero. Nie zuvor war in Japan ein allradgetriebenes Fahrzeug produziert worden; der PX 33 hatte einen durchschlagenden Erfolg und begründete den guten Namen Mitsubishis als Hersteller zuverlässiger und leistungsstarker Geländefahrzeuge. Die große Bodenfreiheit und das hohe Traktionsvermögen machten den PX 33 beim Straßenbau in den japanischen Gebirgszügen zum unverzichtbaren Arbeitsgerät. Das erfolgreiche Allradkonzept wurde drei Jahre später auch für Lastwagen eingesetzt.

1935 nahm Mitsubishi als erster Hersteller in Japan die Produktion eines Lastwagens mit Dieselmotor in die Produktion auf. Dieser Lastwagen erfreute sich aufgrund seiner großen Wirtschaftlichkeit und Zuverlässigkeit bald großer Beliebtheit.

Der Anfang vom vorläufigen Ende

Mittlerweile hatten die Forscher bei Mitsubishi bahnbrechende Entdeckungen gemacht. Bereits 1935 sagte der Wissenschaftler Yukawa das schwere Elektron Meson voraus, das erst zwei Jahre später in der Höhenstrahlung gefunden werden konnte. Ultraschall wurde zur zerstörungsfreien Werkstoff-Kontrolle eingesetzt, und auf den Weltmeeren fuhren japanische Passagierschiffe mit denen aus Amerika und Europa um die schnellste Passage zwischen den Kontinenten um die Wette. Auch im Motorenbau erlangte man neue Erkenntnisse. Der Dieselmotor wurde durch das Vorkammerprinzip leistungsfähiger und wirtschaftlicher gemacht. Doch die Entwicklung von Flugzeugen, Schiffen und Automobilen war wesentlich vom in Asien und wohl auch in Europa sich abzeichnenden Krieg geprägt. Japanische Truppen stießen bei einer Nachtübung an der Marco-Polo-Brücke mit chinesischen Einheiten zusammen, der japanisch-chinesische Krieg begann. Die Einheiten aus Tokio konnten bis Peking vordringen, besetzten Shanghai und Nanking. Die japanische Marine blockierte die chinesische Küste.

Motoren- und Fahrzeugentwicklung beschränkten sich auf den Lastwagenbereich, schnelle und geländegängige Zweitonner wie der TD-35 und der YB-40 waren ebenso wichtige wie zuverlässige Transporter der Nachschubeinheiten. Die bedeutendste Mitsubishi-Entwicklung im Motorenbau waren das Dieselaggregat ZC-101, mit dem weltbesten Leistungsgewicht dieser Zeit, und der A18E-Flugmotor, der aus seinen 18 Zylindern 2500 PS holte.

Ein Modell des ersten Allrad-Pkw von Mitsubishi, des PX 33.

Neubeginn mit neuer Kraft

Die Zerstörung der Städte Nagasaki und Hiroshima durch amerikanische Atombomben beendete den Zweiten Weltkrieg in Japan. 1946 erfolgte der Neubeginn für Mitsubishi in den völlig ausgebombten Werken. Ähnlich wie in Deutschland war es auch in Japan nur unter größten Schwierigkeiten möglich, die Automobilproduktion wieder in Gang zu bringen. Fertigungsanlagen waren zerstört, Material war knapp. Dennoch verließen schon bald wieder Fuso-Lastwagen die notdürftig instandgesetzten Produktionsanlagen. Beim Wiederaufbau der im

Der erste japanische Pkw mit Allradantrieb heißt PX 33.

Krieg zerstörten japanischen Städte wurden sie dringend benötigt. Um die alte Struktur des ehemals so starken Konzerns wieder herzustellen, konnten die Fuso-Lastwagen freilich nicht viel beitragen.

Die Vereinigten Staaten als Siegermacht des Krieges verlangten 1945 die Entflechtung der alten Mitsubishi-Organisation. Jedes der einzelnen Unternehmen wurde vom Handelshaus der ehemaligen Schaltzentrale losgelöst und sollte als unabhängiges Unternehmen unter neuem Namen weiterarbeiten. Was die Amerikaner jedoch unterschätzten war, daß bereits in früherer Zeit die einzelnen Mitsubishi-Unternehmen weitgehend unabhängig voneinander gewirtschaftet hatten. Die Entflechtung des Konzerns war demnach nur wenig mehr als eine Formalität. An den Informationswegen und Technologie-Transfers zwischen den verschiedenen Branchen und Geschäftszweigen hat sich daher auch nach der Auflösung der alten Konzern-Struktur nichts geändert. Zu keinem Zeitpunkt rissen die persönlichen Kontakte zwischen den Führungskräften der verschiedenen Mitsubishi-Unternehmen ab; bereits seit 1937 hatte es regelmäßige Treffen des Top-Managements gegeben. Noch während der amerikanischen Besatzungszeit fanden wiederum Zusammenkünfte der Präsidenten statt, nun allerdings auf privater und vertraulicher Ebene, um die Einheit der Gruppe zu erhalten und Pläne für die Zukunft zu schmieden. Aus diesen periodischen Treffen entstand 1954 die berühmte Kinyo-kai, die Freitagskonferenz, an der bis heute alle Präsidenten der 29 wichtigsten Mitsubishi-Firmen regelmäßig teilnehmen.

Und doch wurde der Konzern 1945 von einem heftigen Schlag erschüttert. Am 2. Dezember, kurz nach dem Kriegsende im August, starb Koyata Iwasaki. Damit endete die 75 Jahre dauernde Familienführung innerhalb des Mitsubishi-Konzerns. Von nun an sollten gewählte oder bestellte Präsidenten die Geschicke der Mitsubishi-Gruppe lenken.

Not macht erfinderisch

Gleich nach dem Krieg stieg der Bedarf an Verkehrsmitteln rapide. Aus Wrackteilen wurden Busse und Lastwagen zusammengebaut; in gewaltiger Anstrengung produzierten die Mitsubishi-Ingenieure einen Vielstoff-Busmotor, dessen Entwicklung noch aus den Kriegsjahren stammte und der nun, angesichts der problematischen Treibstoffversorgung, als segensreiche Erfindung beim Wiederaufbau wertvolle Dienste leistete. Das Fahrgestell des B-1-Bus wurde auch für andere Verwendungszwecke benutzt: Feuerwehrwagen-, Schlepper- und Mülltransporter-Aufbauten konnten auf das solide Chassis gesetzt werden.

Im gleichen Jahr, also 1946, brachte Mitsubishi das Mizushima-Dreirad auf den Markt. Der ein-

Auf dem Chassis des B-1-Bus (1946) entstanden später auch Sonderfahrzeuge wie dieser Feuerwehrwagen.

Mit dem Mizushima-Dreirad kam Mitsubishi 1946 auf den Markt.

Ehrenplatz im Museum: Mizushima-Dreirad.

Erfolgreich auf dem Zweirad-Markt mit der »Silver-Pigeon«.

600 Mitsubishi-Busse vom Typ R32 wurden 1955 nach Chile exportiert.

fach aufgebaute 0,4-Tonner kam als Lastentransporter, aber auch als behelfsmäßiger Personenwagen zum Einsatz. Kurz darauf begann Mitsubishi eine sehr erfolgreiche Entwicklung im Zweiradgeschäft. Das ehemalige Flugzeugwerk der Mitsubishi-Gruppe präsentierte einen Motorroller mit dem klangvollen Namen Silver Pigeon (Silbermöwe). Das wendige, extravagant gestylte Vehikel wurde von einem einzylindrigen Viertaktmotor mit 120 Kubikzentimeter und 1,5 PS angetrieben. Bei der Entwicklung des Motorrollers hatten die Mitsubishi-Ingenieure ähnlich wie zur gleichen Zeit die italienischen Kollegen, die im Piaggio-Werk die Vespa schufen, aus der Not eine Tugend gemacht. Aus alten Flugzeugblechen, Rädern und Hilfsmotoren entstanden praktische, flinke Motorroller und lösten in Japan einen wahren Boom aus.

Der Durchbruch: Mitsubishi-Autos in aller Welt

Die fünfziger Jahre brachten dem aufstrebenden Automobilhersteller zahlreiche Erfolge. Mitsubishi nahm den Personenwagenbau wieder auf und stellte zunächst in Lizenz den amerikanischen Jeep »Kaiser Henry J« her. Im Nutzfahrzeugbereich setzte der Lastwagen Fuso T31 mit seinem 130-PS-Dieselmotor Maßstäbe in der Acht-Tonnen-Klasse und diente später als Basis für Japans ersten Lastwagen mit Luftfederung. Der Bus Fuso R-1, Japans größtes und gleichzeitig erstes Personenfahrzeug mit Heckmotor, bekam in diesen Jahren den Zuschlag als offizieller Linienbus im öffentlichen Nahverkehr von Tokio. 1958 baute Mitsubishi den ersten Linienbus mit Elektroantrieb in Japan. Auch das Exportgeschäft blühte. Die chilenische Regierung orderte sechshundert Fuso-Omnibusse, die sich bei ihren schwierigen Einsätzen in Südamerika hervorragend bewährten. Die Ankunft der Busse wurde in den Straßen Santiagos mit einem gewaltigen Fest gefeiert. Tausende Chilenen säumten den Weg, den die Busse mit der Modellbezeichnung R-32 vom Hafen bis zum Depot der Verkehrsbetriebe zurücklegten. 1962 gipfelten die Bemühungen um technischen Fortschritt des Mitsubishi-Automobilbaus im ersten Selbstlade-Lastwagen der Welt und dem Fernbus Fuso MAR820, dessen Monocoque-Rahmen (selbsttragende Karosserie) und 280-PS-Turbodieselmotor ebenfalls eine Weltneuheit waren.

Nach langer Pause – Personenwagen

Die Entwicklung im wiederaufgenommenen Personenwagenbau steht unterdessen nicht still. 1959 präsentiert Mitsubishi einen kleinen viersitzigen Personenwagen mit luftgekühltem Zweizylinder-Heckmotor, 493 Kubikzentimeter Hubraum und 21 PS, das Modell 500. Der kleine Flitzer ist einer der ersten Personenwagen in Japan, dessen Karosserie konsequent nach Gesichts-

Der erste »Selbstlade-Lastwagen« der Welt

Mitsubishi 500

Der kleine Flitzer wird auch im neuen Windkanal aerodynamisch vermessen.

Nach ausgiebigen Testfahrten stellen sich sofort Sporterfolge ein: Beim Macao-Grand-Prix 1962 wird der kleine Mitsubishi 500 Klassensieger.

Verkaufsschlager mit den »Drei Diamanten« am Bug: Mitsubishi 500

Von oben nach unten: Der erste Colt von 1962. – 1963 folgt der Colt 1000. – Der erste Schrägheck-Colt erscheint 1965.

punkten der Aerodynamik gebildet wurde. Ein neuer Windkanal und fortschrittliche Meßmethoden waren wichtige Hilfsmittel der Karosserie-Schneider von Mitsubishi. Die flinken, kleinen Limousinen errangen gleich bei ihren ersten Auftritten im Motorsport aufsehenerregende Erfolge. Alle drei gestarteten Mitsubishi 500 erreichen beim Macao Grand Prix das Ziel; einer von ihnen landet sogar auf dem ersten Platz in der Produktionswagen-Klasse und stellt einen neuen Rundenrekord auf. Auch der Mitsubishi 360 kann Erfolge für sich buchen. Seine Stärken sind zwar nicht sportlicher Natur, dafür aber für viele Kunden wichtiger: Mit 360 Kubikzentimeter Hubraum und 18 PS Leistung wird der Vorläufer des populären Mitsubishi Minica in der niedrigsten japanischen Steuerklasse eingestuft. Als Sondermodell kann man den Mitsubishi 360 Kombi kaufen, eines der kleinsten Pick-Up-Fahrzeuge, die je gebaut wurden.

Der Colt für alle Fahrer

1962 taucht erstmals im Modellprogramm von Mitsubishi der Name Colt auf. Die Modellbezeichnung stammt aus dem englischen und bezeichnet ein männliches Fohlen. Gewählt wurde das Wort, weil es auch den nicht englisch sprechenden Menschen leicht über die Lippen geht. Der Colt 600 hat noch die für die Kleinwagen dieser Zeit typische Stufenheckform. Unter seiner Haube arbeitet ein luftgekühlter Motor mit 600 Kubikzentimeter, der 25 PS leistet. 1964 gewinnt der Colt den Klassensieg im Grand Prix von Malaysia. 1963 wird die Modellpalette des Colt um das Modell 1000 erweitert. Die Leistung des nunmehr auf einen Liter Hubraum vergrößerten Triebwerks liegt bei 51 PS und macht den neuen Colt 125 Kilometer in der Stunde schnell. Zwei Jahre darauf kommt der Urahn der heutigen Colt-Modelle. Das Publikum ist vom neuen Konzept begeistert, denn der Colt 800 ist das erste Schrägheck-Fahrzeug in Japan. Angetrieben wird er von einem 850 Kubikzentimeter großen Vierzylinder mit 45 PS.

Luxusautos für Wohlstandsbürger

Doch nicht nur in der kleinen Klasse steigt die Nachfrage sprunghaft, überall auf der Welt, wo die umfangreiche Industrialisierung für Wohl-

stand und gut ausgebaute Straßenverbindungen sorgt, werden komfortable, schnelle Limousinen verlangt. Mitsubishi reagiert auf die Entwicklung 1964 mit der Vorstellung des Modells Debonair. Motorisiert ist die Luxuslimousine mit einem 2-Liter-Vierzylindermotor. Ihre 105 PS reichten für eine Höchstgeschwindigkeit von 155 Kilometer in der Stunde. Die gestreckte Karosserieform des Mitsubishi-Flaggschiffs sorgt damals für Aufsehen: Markante Linien und stark ausgebildete Konturen ersetzen die üblichen runden Formen des Autoblechs. Die Vorstellungen der Designer erweisen sich in den Folgejahren als richtig, die Karosserie des Debonair hat Bestand und wird in nahezu unveränderter Form bis ins Jahr 1985 gebaut.

Von oben nach unten: Der Stufenheck-Colt lebt auch 1965 weiter und bekommt eine 1,5-Liter-Maschine mit 70 PS. – 1968 hat der neue Colt 1200 mit 62-PS-Motor Premiere. – Genau zehn Jahre später, 1978, rollt der Nachfolger mit Frontantrieb vom Band. – 1983 bekommt der Bestseller ein neues Kleid und stärkere Motoren spendiert.

Entwicklungen mit Bestand

Zwei weitere Väter der heutigen aktuellen Modellpalette von Mitsubishi entstehen Ende der sechziger Jahre. Der Delica, ein Kleinst-Nutzfahrzeug mit Ladepritsche und 600 Kilogramm Nutzlast, ist der Vorläufer des erfolgreichen L 300. Kurz darauf wird auch ein Pick-Up-Fahrzeug für den japanischen und asiatischen Markt produziert. Der L 200 mit offener Ladefläche gewinnt wegen seiner vielfältigen Einsatzmöglichkeiten bald den Ruf eines Millionenautos. 1969 kann der Delica auch als Kastenwagen und neunsitziger Bus bestellt werden. Im selben Jahr wird die erste Version des Galant vorgestellt. Damals war dieses Modell noch eher Sportgerät als Familienlimousine. Der Galant A I erreicht 150, der A II 160 und der A II GS 175 Kilometer in der Stunde. Neben der für japanische Personenwagen dieser Zeit ungewöhnlichen Geschwindigkeit bringt der Galant ein weiteres Novum in die Modellpalette. Er ist der erste Mitsubishi mit der »Dynawedge« genannten Keilform, die in den Folgejahren weltweit das Karosseriestyling der Automobile prägt.

Die zweite Neuorganisation: Erst jetzt geht es richtig los

Der ehemals kleine und verglichen mit den anderen Unternehmen des Konzerns unbedeutende Fahrzeugbereich hat mittlerweile innerhalb von Mitsubishi Heavy Industries große Erfolge erzielen können. Was einst als Fahrzeug-

Im Sommer 1988 rollt eine neue Colt-Generation an den Start. Kurz nach der Markteinführung wird der Mitsubishi Colt von einer internationalen Fachjury mit dem »Goldenen Lenkrad« ausgezeichnet.

Abteilung innerhalb des weitverzweigten Unternehmens Mitsubishi Heavy Industries begonnen hatte, war zu einer Firma mit weltweiter Beachtung und Anerkennung geworden. Schließlich erlebte auch der Automobilmarkt weltweit einen gewaltigen Aufstieg. Der Treibstoff war vergleichsweise preisgünstig, von der nahenden Energiekrise war noch nichts zu spüren. Der Weltmarkt profitierte von den neuen Automobilen aus Japan – Mitsubishi erntete im Gegenzug kräftige Absatzsteigerungen als Lohn der Mühen. Das Wachstum sprengt schließlich die Möglichkeiten einer untergeordneten Abteilung.

Auf einer jener berühmten Freitagskonferenzen entscheiden die Mitsubishi-Präsidenten, daß Mitsubishi nun mit einem eigenständigen Unternehmen auf dem Automobilmarkt vertreten sein muß. Als Folge der großen Neuorganisation wird der Automobilsektor 1970 aus der Firmengemeinschaft mit Heavy Industries ausgegliedert und als neues, selbständiges Unternehmen gegründet: Die Mitsubishi Motors Corporation (MMC).

Auf eigenen Rädern

Nachdem der Automobilbereich seit mehr als fünfzig Jahren nur als Abteilung dem Schiffbau, der Schwer- oder Flugzeugindustrie angegliedert war, stand Mitsubishi Motors Corporation (MMC) nun gewissermaßen auf eigenen Rädern. Als Aktiengesellschaft im Juni 1970 gegründet, ausgestattet mit einem Stammkapital von 29,9 Milliarden Yen (rund 220 Millionen Mark) und 22 000 Mitarbeitern, führt das neue Unternehmen nun den gesamten Bereich Automobilbau – also Personenwagen und Nutzfahrzeuge – in eigener Regie weiter. Die Geschäfte der Firma sind klar umrissen: »Konstruktion, Entwicklung, Herstellung, Montage, Kauf und Verkauf, Import und Export von Kraftfahrzeugen und Kraftfahrzeugteilen«, so steht es im japanischen Handelsregister. Die Unternehmens-Philosophie der Chancengleichheit schlägt sich gleich zu Beginn bei der Wahl des Firmensitzes nieder. Das junge Tochterunternehmen bekommt seinen Platz wenige Kilometer vom »Mitsubishi-Village«, dem traditionsbeladenen, geschäftigen (und teuren) »Marunouchi-Distrikt« in Tokio, wo alle alteingesessenen Mitsubishi-Unternehmen ihre Hauptquartiere haben. Das Gelände mit über 45 Hektar Fläche war bereits 1890 gekauft worden; Yanosuke Iwasaki selbst hatte es damals vom japanischen Staat erwerben können. Viele Kaufleute lachten über Iwasaki, für dieses Land mußte er mehr als dreimal soviel wie für benachbarten Grund bezahlen. Auf die Frage, was er wohl mit den teuren Ländereien anstellen würde, antwortete Iwasaki: »Wer weiß? Vielleicht pflanze ich etwas Bambus und halte mir dort Tiger.«

Heute konzentriert sich hier das gesamte Handels- und Bankenwesen Japans. Die Quadratmeterpreise sind die höchsten der ganzen Erde. Das Know-How und der ständig steigende Raumbedarf der Mitsubishi-Gruppe führt zu wagemutigen Planungen: In den nächsten Jahren sollen in Marunouchi-Distrikt zwei gigantische Bürotürme entstehen, um den Menschen Platz zum Arbeiten zu schaffen. Zwar gäbe es noch unbebauten Raum zwischen den weitläufigen Verwaltungs- und Produktionskomplexen, um in herkömmlicher flacher Bauweise zu vergrößern, doch entspricht es dem japanischen Bewußtsein gegenüber der Natur, die Grünflächen und Gärten nicht rigoros aus dem Arbeitsumfeld zu verdrängen.

Hinaus in die Welt

Schon 1971 beweist Mitsubishi Motors, daß Tradition nicht im Widerspruch zu Fortschritt stehen muß und daß die junge Firma in ihren Entscheidungen völlig frei ist. Der amerikanischen Chrysler Corporation werden 15 Prozent des Aktienkapitals des Unternehmens verkauft, nachdem Mitsubishi-Automobile in den Vereinigten Staaten mit großem Erfolg eingeführt worden sind. Die Beteiligung von Chrysler gibt in Japan zu großen Hoffnungen Anlaß. Nordamerika ist der erste Exportmarkt, auf dem sich Mitsubishi im Wettbewerb nicht nur anderen Importeuren, sondern auch der heimischen Automobilindustrie stellen muß. Diese Herausforderung nehmen die Führungskräfte des japanischen Autoherstellers gerne an. Sind sie doch überzeugt, daß der »Heimvorteil« der amerikanischen Autobauer durch die hohe Qualität und die Zuverlässigkeit der Mitsubishi-Produkte wenigstens ausgeglichen, wenn nicht sogar übertroffen wird. Als Gegenleistung für die Erschließung weiterer neuer Exportmöglichkeiten – Chrysler beliefert seit langem auch Südamerika erfolgreich – bietet Mitsubishi dem amerikanischen Unternehmen das umfangreiche technische Know-how eines hochmodernen Automobilherstellers an.

Als nächsten Schritt verstärkt Mitsubishi auch in anderen Ländern das Engagement. Bereits

Von links nach rechts: Mit den Modellen Galant, Celeste und Lancer geht Mitsubishi 1977 in Deutschland an den Start.

1965 wurden in Thailand die United Development Motor Industries, ein Montagewerk, gegründet. 1971 beginnt die Produktion von Mitsubishi-Fahrzeugen in Indonesien; der Grundstein für den überwältigenden Marktanteil von mehr als 50 Prozent in diesem Teil der Erde, wurde hiermit gelegt. 1972 beteiligen sich dann MMC, wiederum in Zusammenarbeit mit Chrysler, an der Canlunbung Automotive Resources auf den Philippinen. 1973 schließlich nimmt die MMC Service Gesellschaft ihre Arbeit in den Vereinigten Staaten auf. Mitte der siebziger Jahre werden die ersten Mitsubishi-Automobile in Europa, und zwar in Griechenland, Großbritannien, den Niederlanden, Belgien, Finnland, Norwegen und Luxemburg verkauft.

1975 produziert Mitsubishi Motors allein in den sechs japanischen Werken (Nagoya, Kyoto, Mizushima, Tokio, Kawasaki und Okazaki) 358 968 Personenwagen und 174 073 Nutzfahrzeuge, insgesamt mehr als eine halbe Million Automobile. Der Exportanteil steigt auf fast 40 Prozent, mehr als 200 000 Fahrzeuge werden in alle Teile der Welt geliefert. Um den europäischen Markt besser bedienen zu können, wird zwei Jahre später, 1977, in Rotterdam ein Verbindungsbüro gegründet. Im gleichen Jahr beginnt auch der Export nach Dänemark, Österreich, in die Schweiz – und in die Bundesrepublik Deutschland. Heute ist MMC in 22 europäischen Ländern von Island bis zu den Kanarischen Inseln vertreten. Die MMC Auto Deutschland GmbH bekommt ihren Firmensitz im Herzen der Republik. In Rüsselsheim am Main, nahe dem internationalen Frankfurter Flughafen entsteht die neue Zentrale für Deutschland.

Juwelen auf der Autobahn

Erstmals rollen die Autos mit den Drei Diamanten am Bug also über deutsche Straßen. Ihr Deutschland-Debüt haben die neuen Personenwagen aus Japan auf der Frankfurter Automobilausstellung, der IAA 1977, erfolgreich absolviert. Drei Modelle werden im Jahr des Verkaufsstarts angeboten: Der viertürige Galant, eine komfortable und wirtschaftliche Familienlimousine. Sein 1,6-Liter-Vierzylinder leistet 75 PS, der 2-Liter-Motor bringt es auf 85 PS. Ausstattungsmerkmale wie Automatiksicherheitsgurte, Tages-

kilometerzähler, Fernentriegelung für den Kofferraum, Drehzahlmesser, Kopfstützen, Höhenverstellung für Lenkrad und Fahrersitz bekommt der Galant serienmäßig – auf dem deutschen Markt sonst nicht selbstverständlich.

Die sportliche Schräghecklimousine Celeste Coupé und der kompakte Lancer runden die anfängliche Modellpalette ab. Die gut vier Meter lange Celeste wird mit zwei Motorversionen angeboten: Der 1,6-Liter-Motor holt 73 PS aus vier Zylindern, 90 PS erreicht das Zwei-Liter-Triebwerk. Der Lancer wird mit drei verschiedenen Motoren angeboten: Basistriebwerk ist ein 1,2-Liter mit 55 PS. Auf 68 PS bringt es der 1,4-Liter-Motor, der auch in der Kombi- und Automatikversion des Lancer zu haben ist. 82 PS leistet schließlich die stärkste Motorisierung, das 1,6-Liter-Triebwerk.

5446 Mitsubishi-Fahrzeuge werden im ersten Jahr in Deutschland verkauft. Die Newcomer-Marke aus Japan erlangt schnell den Ruf, äußerst zuverlässig und wirtschaftlich zu sein, Tugenden, die Mitsubishi bereits auf anderen Märkten berühmt gemacht haben und die sich auch in der Bundesrepublik schnell herumsprechen.

1978 wird die Modellpalette um den Sapporo erweitert. (links)

Mit dem neuen 78er-Modell kommt der Colt erstmals auch in Deutschland auf den Markt. Besonderheit: sein »Spurt-und-Spar-Getriebe«.

Eine Mitsubishi-Erfindung sorgt für Laufruhe: »Silent-Shaft« – Ausgleichswellen. (links)

Geballte Handelsmacht: Der Marunouchi-Distrikt heute (folgende Doppelseite).

Im April 1978 wird die Modellpalette um den Sapporo erweitert. Das sportliche Coupé ist mit einem 2000 Kubikzentimeter großen, 125 PS starken Vierzylinder motorisiert.

Von Beginn an sind die meisten Mitsubishi-Fahrzeuge auf deutschen Straßen nach dem »Silent Shaft«-Prinzip ausgestattet. Dieses revolutionäre Prinzip verleiht den Motoren die Laufruhe eines Achtzylinders. Zwei Ausgleichswellen, die mit doppelter Drehzahl und entgegengesetzt der Kurbelwellenbewegung rotieren, verringern die Vibrationen und sorgen für runden Motorlauf. Die Erfindung findet viel Beachtung. Die Mitsubishi-Ingenieure bauen sie in jeden geeigneten der später entwickelten Motoren ein. Schließlich können auch die europäischen Hersteller die Wirksamkeit des »Silent Shaft«-Prinzips nicht mehr übersehen, Porsche verwendet es in einer Mitsubishi-Lizenz für den Typ 944, andere namhafte Autofirmen wie Volvo, Saab und Lancia folgen.

Sauber, sauber

Anfang der siebziger Jahre schien eine Umweltkatastrophe in Japan unausweichlich geworden zu sein. Aus zahllosen Fabrikschloten, Kraftwerkskaminen und Auspuffrohren strömten Schadstoffe, die aus der durch die Nähe von Gebirgen und Küsten ehemals angenehmen und sauberen Luft Japans kaum mehr atembaren Smog machten. Während der Rush-Hour traute sich in Tokio niemand auf die Straße, der nicht unbedingt dazu gezwungen war. Das Ökosystem des Landes stand kurz vor dem Kollaps. Die einzige Chance der Japaner, sich eine lebenswerte Umwelt zu erhalten, lag in den vereinten Anstrengungen von Industrie und Staat, den Schadstoffausstoß auf ein Minimum zu reduzieren. Und so erlangte die fernöstliche Industrienation die Vorbildfunktion für alle Länder, die mit den Problemen der Luft- und Wasserverschmutzung kämpfen.

Nach mehrjähriger Übergangszeit wurde 1975 der geregelte Katalysator für alle benzinbetriebenen Kraftfahrzeuge vorgeschrieben; an den Tankstellen gab es von Stund an ausschließlich unverbleites Benzin. Dieselmotoren kamen nur noch in großen Nutzfahrzeugen im Fernverkehr zum Einsatz, Lieferfahrten in den Städten übernahmen kleine und mittlere Lastwagen, die

ebenfalls mit Kat-Technik zur Reinerhaltung der Luft beitrugen. Mitsubishi hat dank der Forschungsergebnisse aus anderen Geschäftsbereichen die ungeheure Aufgabe der vollständigen Umstellung der Fahrzeuge auf umweltschonenden Betrieb in kurzer Zeit bewältigen können. Alle Entwicklungen der Katalysatortechnik stammen aus Unternehmen des Verbundes. Die Erfahrungen von Mitsubishi Motors kamen wiederum den anderen Gesellschaften zugute, die sich mit der Abgasreinigung von Kraftwerksemissionen oder Schadstoffreduzierung bei Flugzeugtriebwerken beschäftigen.

Die ersten Automobile, die nach Europa exportiert wurden, konnten daher schon mit unverbleitem Kraftstoff fahren. Der war dort freilich in diesem Jahr kaum zu bekommen; die Exportfahrzeuge wurden deshalb ohne den teuren und zunächst nicht gewünschten Katalysator auf die Reise nach Westen geschickt.

Der Colt macht Furore

Anfang 1978 stellt Mitsubishi in Tokio ein neues Modell des Colt vor, das Ende des Jahres auch in Deutschland angeboten wird. Die Karosserieform des Neulings ist ganz auf die neu gewachsenen Bedürfnisse ausgelegt: Kompakte Ausmaße, viel Platz im Innenraum und hohe Wirtschaftlichkeit sind die wichtigsten Eigenschaften der Schräghecklimousine. Und noch eine Neuerung bringt der Colt mit. Er ist der erste Mitsubishi mit Heckklappe und Frontantrieb; eine Kardanwelle zur Hinterachse erübrigt sich. Kofferraumvolumen und Platzangebot im hinteren Fußraum fallen großzügig aus. Die Fachleute sind begeistert. »Der Colt ist ein ganz scharfes Ding«, urteilt die »Deutsche Automobil Revue« über den neuen Kompaktwagen und bescheinigt ihm
– geringen Benzinverbrauch,
– hervorragende Serienausstattung,
– gute Fahrleistungen bei niedrigem Geräuschpegel,
– einen niedrigen Preis und
– ein gefälliges Aussehen.

Der Colt hat bereits 1978 zahlreiche Detaillösungen an Bord, auf die der Kunde bei anderen Autos bisher verzichten mußte. Die Rückbank des Neulings ist geteilt umklappbar, um die Staukapazität dem Ladegut besser anpassen zu können. Sensationell gut schlägt die im Colt 1400 erstmals vorgestellte »Spurt- und Spar-Schaltung« ein. Dank eines getrennt schaltbaren Vorgeleges hat der kleine Mitsubishi acht Gänge. Befindet sich der zusätzliche Wahlhebel in der Position »E« (für Economy/Wirtschaftlichkeit), stehen vier lang übersetzte Gänge zur Verfügung und senken den Spritverbrauch durch reduzierte Motordrehzahl merklich. In der Stellung »P« (für Power/Kraft) wird das Übersetzungsverhältnis für sportliche Fahrweise angepaßt. Der technische Steckbrief des Colt 1400 GLX spricht für sich: Vierzylindermotor mit 1410 Kubikzentimeter Hubraum und 70 PS, Einzelradaufhängung, Höchstgeschwindigkeit 158 Kilometer in der Stunde. Der Preis: 11 490 Mark. Wahlweise gibt es den Colt auch mit 1,2-Liter-Motor und Vierganggetriebe. In dieser Version leistet er 55 PS.

Bald nach der Einführung des Colt bestätigt eine Untersuchung des ADAC das gute Image der jungen Marke Mitsubishi: In der Pannenstatistik des Automobilclubs liegen die Mitsubishi-Autos schon 1978 mit nur 3,9 Ausfällen pro 1000 zugelassenen Fahrzeugen weit vor der Konkurrenz. Ein häufig angeführtes Argument wird mit dieser Statistik nachhaltig entkräftet: Aufgrund des in Japan bestehenden Tempolimits sind Automobile aus Fernost nicht für bundesdeutsche Autobahnen und die hierzulande gefahrenen Geschwindigkeiten geeignet, so war es immer wieder zu hören. Das japanische 100-Kilometer-Tempolimit existiert zwar tatsächlich bereits seit 1964; es wurde erlassen um die den stark angestiegenen Verkehrsfluß zu regulieren. Doch auf den Hochgeschwindigkeits-Teststrecken der verschiedenen Mitsubishi-Werke legen die Prototypen, wie bei den europäischen Automobilherstellern auch, zigtausende Kilometer unter schwersten Bedingungen zurück, um die Haltbarkeit und Standfestigkeit neuer Triebwerke zu prüfen. Die solide Verarbeitung und der zuverlässige Rostschutz beim Colt halten nicht nur die Unterhaltskosten gering, sondern begünstigen auch den Wiederverkauf.

Kritik wird ernst genommen

Die schnelle Reaktion auf Anforderungen des Marktes ist eine nahezu sprichwörtliche Tugend japanischer Automobilbauer. »Autos müssen

Der Weltrekord-Galant.

einen sehr vielfältigen Geschmack treffen«, sagt einer der verantwortlichen Entwicklungsingenieure des Colt. »Stößt ein Auto auf allgemeine Akzeptanz und wird dennoch ein Detail bemängelt, prüfen wir sofort alternative Möglichkeiten und korrigieren die betreffenden Teile in der Serienfertigung oder ändern sie spätestens im Nachfolgemodell.« Daß die Akzeptanz tatsächlich von allgemeiner Art war, bestätigen die Zulassungszahlen von 1980: 20 418 Autofahrer hatten sich in der Bundesrepublik Deutschland für einen Mitsubishi Colt entschieden.

Galant von allen Seiten

Zwei Jahre nach dem erfolgreichen Start des Colt kommt das Nachfolgemodell des Galant auf den deutschen Markt. Er hat einen deutlich größeren Innenraum als sein Vorgänger bekommen, zwei neue Benzinmotoren (1,6 Liter, 75 PS und 2 Liter, 102 PS) sind im Programm. Aufsehen erregt der neue Turbodiesel, der aus 2,3 Liter Hubraum beachtliche 84 PS schöpft. Besonders gelobt wird die für einen Dieselmotor ungewöhnliche Laufruhe. Die patentierten, »Silent-Shaft« genannten Ausgleichwellen sowie neuartige Torsionsdämpfer auf der Kurbelwelle verhindern die typischen Vibrationen eines Selbstzünders. Eine Flüssigkeits-Vorkupplung zwischen Motor und Getriebekupplung sorgt für ruckfreies Anfahren. Den hohen Fahrkomfort des neuen Turbodiesel beschreibt auch die »Frankfurter Allgemeine Zeitung«: Nach dem ersten Dreh des Zündschlüssels »orgelt der Mitsubishi nur sehr dezent, läßt kaum Vibrationen spüren und setzt sich beim Einkuppeln ungewohnt flüssig und ruckfrei in Bewegung, wie man es von herkömmlichen Dieseln nur in Kombination mit einer Getriebeautomatik kennt«.

Die kritischen Blicke, die Autofachleute zu Beginn auf die japanische Marke geworfen haben, weichen allmählich unverhohlenem Respekt. Die Drei Diamanten am Kühlergrill sind auch auf den bundesdeutschen Straßen zum gewohnten Bild geworden. Zusätzlich zu den Limousinenversionen bietet Mitsubishi in jenen Tagen einen Galant Kombi an, der bei Freizeitsportlern und gewerbemäßigen Autofahrern als Transportfahrzeug gleiche Anerkennung findet.

»Rekordfahrt« zum Mond

1981, kurz nach seinem Europa-Debüt, stellt auch der neue Mitsubishi Galant seine Zuverlässigkeit und Langlebigkeit eindrucksvoll unter Beweis. Ingenieure des Fachbereichs Fahrzeugtechnik an der Technischen Hochschule Darmstadt erproben einen Galant im Dauerversuch. Zuvor wird er von den Wissenschaftlern unter 600 Galant-Modellen, die gerade im Autoterminal Bremerhaven von einem Fahrzeug-Transportschiff an Land fahren, wahllos herausgegriffen. Dies soll sicherstellen, daß der Galant ein dem Serienstandard entsprechendes Fahrzeug ist, Manipulationen können auf diese Weise ausgeschlossen werden.

In nur 266 Tagen legt der Mitsubishi auf öffentlichen Straßen 385 000 Kilometer zurück, das entspricht der mittleren Distanz zwischen Erde und Mond. Zum Testprogramm gehören lange Vollgasfahrten auf der Autobahn ebenso wie Streckenabschnitte mit holprigen Feldwegen und steile Gebirgsstraßen in den Alpen. Die Durchschnittsgeschwindigkeit der gesamten Fahrdauer liegt bei 100,76 Kilometer in der Stunde, ein mittleres Tempo, das aufgrund der hohen Verkehrsdichte heute nur noch außerhalb der Reisezeit und außerhalb der Stunden des Berufsverkehrs erreicht wird.

Der Dauerversuch sollte nach Ablauf der geplanten Testdauer eigentlich beendet werden, doch das einhellige Urteil der Darmstädter Forschungsgruppe lautet: Weitermachen. Der Galant hat die kosmische Strecke in so einwandfreiem Zustand hinter sich gebracht, daß die Neugier der Wissenschaftler geweckt wird. Am 26. April 1982 drehen sich die Walzen des Kilometerzählers dann auf den endgültig letzten Stand: Kurz vor dem Ortseingang von Trebur, dem neuen Sitz der MMC Auto Deutschland GmbH, springt der Kilometerzähler des Galant von 499 999 auf 500 000 Kilometer. Das heißt freilich nicht, daß der Mitsubishi nun seinen Geist aufgegeben hätte. Der zeitliche Rahmen des Projekts Dauerversuch war einfach überschritten worden. Das Kompressionsdiagramm des 2-Liter-Motors jedenfalls zeigt Werte, mit denen der Galant nochmals mehr als ein normales Autoleben hätte bewältigen können: Alle vier Zylinder liegen deutlich über dem Wert 12. Weder der Motor noch Teile seines Innenlebens wurden vorher ausgewechselt, außerhalb der vorgeschriebenen Wartungsintervalle mußten keine Servicearbeiten durchgeführt werden. Sogar die Kolbenringe sind noch die originale Erstausrüstung. Die Experten der »Kölner Autozeitung« zerlegen den Rekord-Galant bis auf die letzte Schraube, prüfen und vermessen die Einzelteile. Der technische Zustand bestätigt: Der Motor hätte nochmals gut 200 000 Kilometer geschafft. 1981 steht der Weltrekordler auf der Frankfurter Automobilausstellung und wird von zahlreichen Messebesuchern bewundert. Zu den prominentesten Gratulanten gehört der damalige Verkehrsminister der Bundesrepublik Deutschland, Volker Hauff.

Ein Vollblut und zwei Lastenesel

Gemeinsam mit dem Galant kommen zwei weitere Mitsubishi-Neuheiten nach Deutschland. Eine davon ist der Lancer 2000 Turbo, eines der stärksten und sportlichsten Autos seiner Klasse. Bärenstarke 170 PS bringt der Lancer auf die Straßen. In acht Sekunden beschleunigt er von Null auf 100, seine Höchstgeschwindigkeit liegt weit über 200 Kilometer in der Stunde. Der neue Abgasturbolader dreht bis zu 2000 Touren in der Sekunde und erweist sich in der Praxis als äußerst standfest. Mit dem günstigen Preis von rund 22 000 Mark findet der Lancer Turbo vor allem bei motorsportbegeisterten Autofahrern Beachtung. Viele nutzen ihn als Basisfahrzeug für Rallye- oder Rundstrecken-Wettbewerbe und erzielen dabei beachtliche Erfolge. Eine typische Erscheinung der frühen achtziger Jahre ist die Beschriftung am Frontspoiler des schnellen Lancer: Die Typenbezeichnung »Turbo 2000« wurde in Spiegelschrift angebracht, so daß der Vordermann im Rückspiegel leichter erkennen kann, wer da zum Überholen ansetzt. Neu am Lancer ist die ECI-Zentraleinspritzung (Electronic Controlled Injection). »Japanische Ingenieure galten lange als Meister der Kopie. Heute können die europäischen Techniker von den Asiaten lernen. Beispiel: die ECI-Einspritzung von Mitsubishi«, heißt es in einem Kritiker-Kommentar zum Lancer. Kernstück der Anlage ist ein Luftmengen-Meßgerät im Luftfilter, das auf Ultraschallbasis arbeitet. Die exakte Bemessung der von Drehzahl, Lufttemperatur und Leistungsanforderung abhängigen Kraftstoffmenge senkt den Schadstoffausstoß erheblich.

Dieses Argument zählt freilich Anfang der achtziger Jahre in Europa recht wenig. Stärker ins Gewicht fällt die Spritzeinsparung der ECI-Einspritzung. Schließlich kostet ein Liter Benzin rund 150 Pfennige. Die Mitsubishi-Hauszeitschrift für die Bundesrepublik Deutschland rechnet die Ersparnis penibel vor: »Bei jeder Zündung wird kein Tröpfchen zuviel verbrannt. Das sind in jeder Stunde schon etwa 600 000 ersparte Tröpfchen; oder zwei bis drei Liter Benzinersparnis.«

Im Rückspiegel wird klar: Hier kommt der Lancer Turbo.

Der L300 findet in der Bundesrepublik auf Anhieb viele Freunde.

Nutzfahrzeuge – auch für Europa

Bereits seit Ende 1980 bietet Mitsubishi den L 300 und eröffnet eine neue Klasse im Bereich der Nutz- und Freizeitfahrzeuge. Das wendige Fahrzeug wird in drei Versionen – als Transporter, Bus oder Fahrgestell mit Fahrerhaus für Sonderaufbauten angeboten. Sein 1,6-Liter-Mittelmotor, leistet 65 PS und arbeitet ebenso zuverlässig wie wirtschaftlich. Ein Spritverbrauch von weniger als 10 Liter ist in dieser Fahrzeug-Kategorie ungewöhnlich und für Gewerbetreibende, die einen Transporter mit hoher Nutzlast und geringen Unterhaltskosten wünschen, ein kaum schlagbares Argument. Das serienmäßige Fünfganggetriebe, dessen längste Übersetzung als drehzahlmindernder Spargang ausgelegt ist, stellt in dieser Fahrzeugklasse eine echte Neuheit dar. Wenn überhaupt, waren fünf Gänge bislang nur für üppige Aufpreise zu bekommen.

Neu sind auch die Belademöglichkeiten des L 300. Der flinke Kleinbus hat zusätzlich zu einer großen Heckklappe in der Wagenmitte, auf beiden Fahrzeugseiten Schiebetüren. Gabelstapler können den Transporter auf diese Weise mit vollen Paletten beladen, Passagieren ermöglicht die zweite Tür bequemen und schnellen Ein- oder Ausstieg. Im Bereich der Freizeit-Automobile findet der Mitsubishi L 300 ebenfalls häufig Verwendung. Zahlreiche Hersteller gestalten sein Inneres zum Wohnraum um und bieten verschiedene Reisemobil-Versionen des L 300 an.

1982 beginnt die MMC Auto Deutschland GmbH mit dem Verkauf des Leichtlastwagens Canter, bis 5,5 Tonnen Gesamtgewicht. Der Vierzylinder-Dieselmotor des neuen Lastwagens leistet mit 3,3 Liter Hubraum 87 PS. Die lange Tradition der in Asien als unverwüstlich geltenden Fuso-Lastwagen von Mitsubishi wird später – 1986 bis 1989 – von weiteren Varianten fortgeführt. Zunächst kommt der Canter mit drei verschiedenen Radständen, 2,7; 3,3 und 3,7 Meter, sowie neuen Motoren. Der neue 2,3-Liter-Wirbelkammer-Diesel leistet zunächst 65 PS, später als 2,5-Liter-Maschine 70 PS. Der neue 3,3-Liter-Direkteinspritzer leistet 92 PS. Im Canter 60 arbeitet ebenfalls der 3,3-Liter-Selbstzünder, hier erreicht man mit einem Turbolader 117 PS. Serienmäßig werden die schwersten Typen – und das ist neu in der Sechs-Tonnen-Klasse – serienmäßig mit Motorbremse und Servolenkung ausgestattet. 1987 bekommt das Canter-Programm zusätzlich ein Modell mit Doppelkabine für die Bauwirtschaft. 1989 wird schließlich das vorläufige Topmodell dieser Baureihe präsentiert: der Canter 75 Turbo mit 7,5 Tonnen zulässigem Gesamtgewicht bietet mehr als 4,5 Tonnen Nutzlast, sein 5-Liter-Sechszylinder-Direkteinspritzer erreicht dank Turboaufladung 145 PS und 355 Newtonmeter Drehmoment bei 2000 Umdrehungen.

Turbo makes the world go round

Bereits im Jahr 1982 spielt der Turbolader für Personenwagen eine wichtige Rolle. Im ganzen Land spricht man anerkennend von jener kleinen Turbine, die durchschnittlichen, gutmütigen Motoren zu wahren Kraftakten verhilft. Mitsubishi liegt im Trend, als im Frühjahr alle Personenwagen der aktuellen Modellpalette auch als Turbo-Versionen angeboten werden. Galant, Sapporo und Starion bekommen einen Zweiliter-Vierzylinder spendiert, der dank seines bei Mitsubishi neu entwickelten Abgasturboladers

170 PS leistet. Dem 1,4-Liter-Motor des Colt bläst die Zauberturbine 105 PS ein, genug, um dem 860 Kilogramm schweren Renner eine Höchstgeschwindigkeit von 180 Kilometer in der Stunde zu verleihen. Mitsubishi ist weltweit der erste Hersteller, der eine vollständige Palette von Turbos anbietet, heißt es in einer Meldung aus dem Jahr 1982.

Das umfassende Motorenprogramm – zehn verschiedene Triebwerke werden zu dieser Zeit angeboten – ist dem neuerrichteten Werk in Shiga zu verdanken. Dort entstand in kurzer

Auch pfiffige Wohnmobilhersteller demonstrieren, was im L 300 alles steckt.

Mit dem Canter bietet Mitsubishi seit 1982 auch einen Leichtlastwagen an.

Bauzeit die weltweit modernste Motorenfertigung zu Beginn der achtziger Jahre. Tag für Tag werden unter den Dächern des insgesamt 45 000 Quadratmeter großen Komplexes 1100 Motoren aller Typen produziert. Ganze 110 Mitarbeiter überwachen die Anlagen: Fertigungsautomaten und Industrieroboter gehören bereits in dieser Zeit zum Alltag der japanischen Industrie.

Aber nicht nur in Japan, auch in Deutschland investiert das Unternehmen für die Zukunft. Am 14. September 1982 ändert sich die Adresse der MMC Auto Deutschland GmbH. Das zentrale Ersatzteillager, der zentrale Kundendienst und die Verwaltung verlassen die inzwischen zu eng gewordenen Geschäftsräume in Rüsselsheim und ziehen direkt vor die Tore des historischen Ortes Trebur, einer ehemaligen Kaiserpfalz im Rhein-Main-Gebiet zwischen Darmstadt und Mainz. Dort ist in kurzer Bauzeit das neue Mitsubishi-Hauptquartier in der Bundesrepublik entstanden. 20 400 Quadratmeter der Gebäude sind für ein neues Ersatzteillager reserviert, das, zunächst zentral, die mittlerweile 778 Mitsubishi-Händler versorgt. Das teilautomatisierte Lager erledigt 95 Prozent aller Anfragen noch am Bestelltag, allein der Wert der gelagerten Teile beträgt in dieser Zeit 28 Millionen Mark.

Die Kunden danken den prompten Service des Unternehmens mit Treue: 953 von 1000 Mitsubishi-Fahrern geben an, als nächsten Wagen wiederum ein Fahrzeug mit den Drei Diamanten am Bug wählen zu wollen.

Die Zuwachsraten der Personenwagenverkäufe sind beeindruckend: Hundertprozentige Steigerungen können in fast jedem Jahr der nunmehr fünfjährigen Firmengeschichte der deutschen Niederlassung geschrieben werden. Nach anfänglich 5500 Fahrzeugen 1977 werden im Jahr darauf bereits 12 637 Mitsubishis verkauft. 1979 melden die Behörden insgesamt 20 725 Zulassungen von Galant, Colt und Co. 1980 schließlich liegt der Verkauf bei 41 605 Einheiten. Bei allgemein rückläufigem Markt kann Mitsubishi 1981 nochmals zulegen, mit sechs Prozent Zuwachs fällt diese Steigerung jedoch vergleichsweise gering aus.

Das Raumfahrzeug

Die Zeiten ändern sich – ebenso wie die Grundkonstruktions-Prinzipien der Automobile. Die

Vor den Toren von Trebur hat die MMC Auto Deutschland GmbH seit 1982 ihren Firmensitz, verbunden mit Kundendienst und Ersatzteillager. (Luftbildfreigabe: Reg. v. Obb. G.954725 a2)

wöchentliche Beschäftigungsdauer in der Bundesrepublik sinkt langsam aber stetig. Freizeit heißt das neue Schlagwort 1983 – für die Erholung und Feierabend und am Wochenende werden neue Automobile gebraucht. Mitsubishi stellt ein solches, vielfältig im Alltag und Urlaub nutzbares Fahrzeug auf der 50. IAA 1983 in Frankfurt vor: den Mitsubishi Space Wagon. Die Großraumlimousine bekommt jede Menge Beifall. Mit einem Sitzplatzangebot für sieben Passagiere, einem sehr variablen Innenraum und einer vernünftigen Motorisierung paßt der Space Wagon – das Raumfahrzeug – genau in die Marktlücke. Die Großraumlimousine verbindet den gewohnten Personenwagenkomfort und gute Fahrleistungen mit einem Optimum an Raumangebot. Entscheidend für das neue Konzept ist die ungewöhnliche Fahrzeughöhe: Mit 1525 Millimeter überragt der Space Wagon herkömmliche Limousinen um fast 20 Zentimeter. Bereits 1979 hatte Mitsubishi auf der Tokyo Motor Show den Prototyp einer Großraumlimousine gezeigt; das Projekt wurde konsequent weiterentwickelt. Die in drei Reihen angeordneten Sitze sind ungewöhnlich vielfältig verstellbar. Durch Umklappen läßt sich eine durchgehende Liegefläche herstellen, der geteilte Klappmechanismus erlaubt auch den Transport von sperrigen Gegenständen oder Sportgeräten wie Skiausrüstungen, ohne daß man dabei auf ausreichend viele Sitzplätze verzichten muß. Die hintere Sitzbank kann sogar zu einem Tisch für das Picknick im Grünen umgebaut werden. Der knapp 4,3 Meter lange Space Wagon wird mit einem 1,8 Liter großen, 90 PS starken Vierzylindermotor ausgerüstet, der ihn 163 Kilometer in der Stunde schnell macht. Die hohe Zuladung von 640 Kilogramm erfordern neuartige Stoßdämpfer an der Hinterachse: Sie haben zwei Wirkungsgrade und regulieren automatisch das Wagenniveau bei voller Beladung.

Mit dem »Space Wagon« stößt Mitsubishi 1983 in eine Marktlücke.

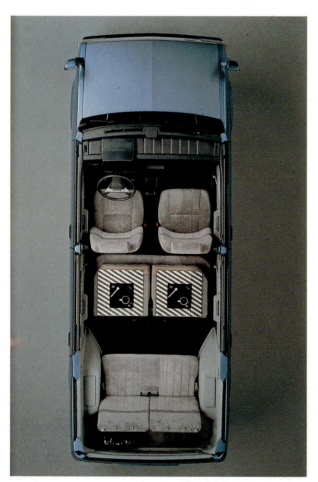

Platz für sieben Personen und ein variabler Innenraum zeichnen das »Raumfahrzeug« aus.

Über Stock und Stein: Der Pajero geht an den Start

Die zweite wichtige Neuheit von Mitsubishi im Jahr 1983 ist ein Automobil, das mittlerweile als Meilenstein der Konstruktion von Geländefahrzeugen in die Geschichte eingegangen ist. Der Mitsubishi Pajero kommt als Unbekannter in den stark expandierenden Geländewagenmarkt – und erobert ihn im Handumdrehen. Mit solider Allradtechnik, drehmomentstarken Triebwerken, ansprechender Optik und einer ungewöhnlich reichhaltigen Ausstattung gewinnt der Pajero schnell die Sympathien der Allradfreunde und Geländefahrer.

Der Urahn des Pajero entstand freilich schon fast fünfzig Jahre vorher. Der PX 33 war der erste

1983 tritt auch der Geländewagen Pajero erstmals in der Bundesrepublik an.

Geländewagen Japans und sorgte bereits damals für Aufsehen. Prinz Tsunenori Kaya, Angehöriger des japanischen Hochadels und glühender Auto-Liebhaber, war 1933 auf die geländegängige Allradlimousine aufmerksam geworden und wollte sie sich vorführen lassen. Die Vorstellung des PX 33 beeindruckte den Prinzen nachhaltig, nicht zuletzt deshalb, weil er in seiner Paradeuniform das erlebte, was Geländefans heute lieber im Arbeitsoverall mitmachen. Kaya war aus Neugierde ziemlich dicht an den Ort des Geschehens vorgedrungen und stand direkt an einer steilen – und schlammigen – Passage. Nachdem der PX 33 den tiefen Morast mit Vehemenz durchpflügt hatte, war vom ehemals strahlenden Weiß der Uniform nicht mehr viel zu sehen; der junge Prinz hatte Ähnlichkeit mit einem Torfstecher nach der Schicht. Der Sportsgeist siegte jedoch über die Peinlichkeit der Situation – Kaya nahm den Zwischenfall mit fröhlichem Lachen hin und gratulierte den Ingenieuren zu ihrer technischen Meisterleistung.

Die Präsentation des Pajero 1983 stellt an die Teilnehmer weniger humoristische Anforderungen, dafür um so mehr an das Leistungsvermögen des Geländewagens. In einem ehemaligen Kiesgrubengelände beweist der Pajero seine uneingeschränkte Geländetauglichkeit vor zahlreichen kritischen Beobachtern. Der Name des Newcomers stammt von einer südamerikanischen Wildkatzenart, die für ihre Ausdauer, Kraft und Wendigkeit berühmt ist. Drei Versionen werden zunächst in der Bundesrepublik Deutschland angeboten: Der Pajero 2600 mit einem 2,6-Liter-Ottomotor und 102 PS, der Pajero 2300 mit 2,3-Liter-Turbodieselmotor und 84 PS. Die Dieselversion – der Pajero ist der erste Geländewagen der Welt, dessen Selbstzünder-Aggregat mit einem Abgasturbolader bestückt ist – kann wahlweise mit einem Stahldach oder mit dem Canvas-Plane genannten flexiblen und abnehmbaren Verdeck bestellt werden.

Bald ist der Mitsubishi-Geländewagen Klassenbester unter den geländegängigen Allradfahrzeugen. »Damit der Pajero nicht nur schnell, sondern auch samtpfötig dahingleitet, weist das Fahrwerk Besonderheiten auf«, meinen die Autotester der »Auto-Zeitung«. So sind die Vorderräder einzeln an Doppelquerlenkern aufgehängt und werden durch Drehstäbe gefe-

Kurz oder lang – den Pajero gibt's ganz nach Wunsch.

dert, die starre Hinterachse wird durch ihre nach außen versetzte Befestigung an den Blattfedern und durch gegeneinander geneigte Stoßdämpfer im Zaum gehalten. Der Pajero bietet einen bis dahin in der Geländewagenklasse nicht gekannten Fahrkomfort. Der durchzugstarke Turbodiesel mit 2,3 Liter Hubraum und 84 PS ist das geeignete Triebwerk für den Geländeeinsatz, beschleunigt den 1570 Kilogramm schweren Pajero auf der Autobahn immerhin auf 138 Kilometer in der Stunde. Dank des gut abgestuften Getriebes hält der Mitsubishi in der Beschleunigung sogar mit kleinen Personenwagen mit. Für gute Verzögerung sorgen vorne innenbelüftete Scheibenbremsen – dies ist ebenfalls eine Neuheit im Geländewagenbau.

Die bullige Kraft der Motoren bringt ein Fünfganggetriebe mit Verteiler- und Zwischengetriebe auf die Räder. Die beiden hinteren Räder werden permanent angetrieben, die Zuschaltung des Vorderradantriebs geschieht mit einem zusätzlichen Hebel im Stand. Freilaufnaben sorgen für Komfort, der Fahrer muß beim Geländeeinsatz nicht aussteigen, um die Vorderradnaben manuell zu sperren. Die Vorgelegewelle bietet weitere fünf Vorwärtsgänge, bei Geländefahrten kann eine extrem kurze und traktionsstarke Übersetzung gewählt werden.

Die Karosserie des Pajero behält ihren qualitativen und optischen Wert über viele Jahre hinweg. Der Mitsubishi hat klare Linien bekommen, nichts von der hemdsärmeligen Art seiner Konkurrenten ist ihm zu eigen. So steht der Pajero bald nicht nur auf den Höfen von Baufirmen, Forstwirtschaftlern und Jägern, sondern auch auf Parkplätzen vor Einkaufszentren und Cafés. Er wird schnell zum beliebten Freizeitfahrzeug. Die Geländetauglichkeit muß unter dem Chic des Blechkleides nicht leiden. 21 Zentimeter Bodenfreiheit, 44 Grad Böschungswinkel vorn und 33 Grad hinten sind für den harten Einsatz abseits befestigter Straßen mehr als ausreichend.

Doch nicht nur im Verkauf hat der Pajero den Erfolg abonniert, auch im Motorsport beginnt für ihn bald eine nicht abreißen wollende Siegesserie. Der Triumph ist perfekt, als der Mitsubishi 1985 den Gesamtsieg der härtesten Rallye der Welt, dem Wüstenabenteuer Paris–Dakar, davonträgt. Eine weniger harte, aber mindestens genauso eindrucksvolle Bewährungsprobe

übersteht der Pajero in Australien. Die Ingenieure einer Ölgesellschaft füllen den Tank mangels Vorrat an Dieselkraftstoff mit Rohöl – buchstäblich frisch von der Quelle. Zur Verblüffung der Männer gibt sich der Pajero auch mit diesem Treibstoff zufrieden. Zwar quellen dicke Rauch- und Rußwolken aus dem Auspuff, doch läuft der Geländewagen weit mehr als 1000 Kilometer durch die Einöde der australischen Outbacks. Eine gründliche Prüfung des Motors nach der Fahrt zeigt, daß er die Marterstrecke schadlos überstanden hat.

Später – 1986 – werden die Motoren des Geländeakrobaten erneuert. Der Benziner leistet nun mit nach wie vor 2,6 Liter Hubraum 103 PS, bekommt aber einen geregelten Katalysator. Der Hubraum des Turbodiesels wird bei gleichbleibender Leistung auf 2,5 Liter erhöht, um einen günstigeren Verlauf der Drehmomentkurve zu erreichen. Zum Jahreswechsel 88/89 – bis dahin wurden in der Bundesrepublik Deutschland 55 000 Mitsubishi-Geländewagen verkauft – wird der Pajero 3000 V6 vorgestellt. Als Antrieb dient das bereits auf dem amerikanischen Markt und in der japanischen Luxuslimousine Debonair bewährte V6-Aggregat mit 3 Liter Hubraum. Der kompakte und laufruhige Katalysator-Motor beschleunigt das neue Flaggschiff der Pajero-Flotte auf über 160 Kilometer in der Stunde. Dazu ein Journalist in »Auto Bild«: »Der sportlichste Geländewagen der Welt.«

Der Gelände-Transporter

Der Pajero bleibt nicht lange allein im Allradprogramm von Mitsubishi. Kurz nach seiner Einführung kommt auch der L 300 in einer geländetauglichen Version. Das Geheimnis, wie so schnell eine Allrad-Variante des beliebten Kleinbus entstehen kann, ist gelüftet, wenn man die weitsichtige Planung der Mitsubishi-Fahrzeugkonstrukteure kennt: Die Karosserie des L 300 wird einfach auf ein Fahrgestell des Pajero gesetzt; dem Bus stehen somit die gleichen guten Geländeeigenschaften zur Verfügung. Bereits in der Planungsphase wurden die Karosserie- und Fahrwerksmaße von Pajero und L 300 genau aufeinander abgestimmt, so daß die Montage ohne große Änderungen vonstatten gehen kann.

Der Allradbus findet vor allem im Freizeitbereich Verwendung, aber auch Unternehmer, gerade in vom Schnee besonders bedachten Gegenden, nutzen den L 300 4 × 4 als zuverlässiges und traktionsstarkes Fahrzeug. Winzer befördern während der Weinlese ihre Helfer mit dem Mitsubishi-Bus auch über ausgefahrene, schlammige Wege in den Weinberg; Hoteliers in den Alpen setzen ihn für ihre Gäste im Pendelverkehr zwischen Bahnhof und Unterkunft ein. Später, 1984, bekommt der L 300 Allrad sogar olympische Weihen: Bei den XIV. Olympischen Winterspielen in Sarajevo werden die Athleten im Mitsubishi-Bus zu den Pisten und Schanzen gefahren. Der Einsatz stößt auf ungeteiltes Lob, denn am dritten olympischen Tag fällt in Bosnien und der Herzegowina ein Jahrhundert-Schnee, der aus Beförderungsfahrzeugen mit herkömmlichem Antrieb nutzlose Blechhaufen macht.

Der neue Colt

1983 freut sich die Mitsubishi-Hauszeitschrift, der »MM-Courier« über den Colt und den TÜV: »Bei keinem Colt konnten die Prüfer Mängel an tragenden Teilen feststellen. Von allen vier Jahre alten Autos – solange ist der Colt mittlerweile auf dem deutschen Markt – mußten Colt-Personenwagen am seltensten wiederholt vorgeführt werden.« Auch die Pannenstatistik des ADAC bestätigt die Zuverlässigkeit des Colt, dreimal hintereinander wurde er Klassensieger. Mitsubishis Kleinster hat sich also in nur kurzer Zeit einen Namen gemacht. Zuverlässigkeit und Wirtschaftlichkeit sind die häufigsten Argumente, mit denen Colt-Kunden ihre Kaufentscheidung begründen. Über eine Million Einheiten wurden von ihm insgesamt gebaut; 75 000 Colts rollen mittlerweile über bundesdeutsche Straßen.

Nun ist es an der Zeit, den erfolgreichen Flitzer zu renovieren. In nur dreijähriger Entwicklungsarbeit entsteht im Mitsubishi-Entwicklungszentrum Okazaki in Japan der Nachfolger, der Colt II. Die Karosserie des Neuen ist glatter geworden, durch viel Feinarbeit im Windkanal von Okazaki verhelfen die Entwickler ihrem jüngsten Kind zu einem c_w-Wert von 0,39 bis 0,38, eine für die Kompaktklasse beachtliche Leistung. Bündig mit der Karosserie abschließende Scheinwerfer, geklebte Front- und Heck-

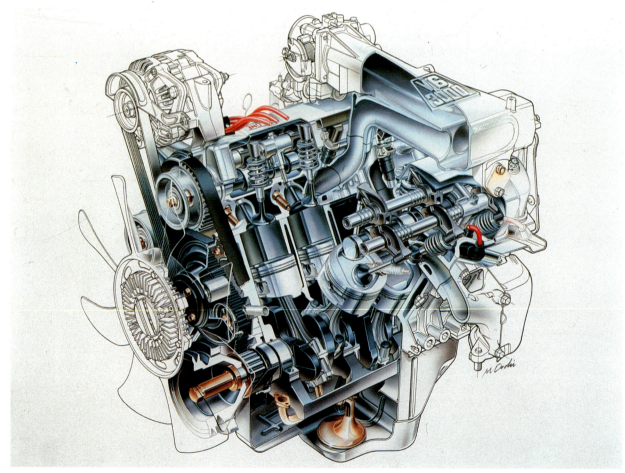

Mit Bärenkraft wartet der Drei-Liter-Sechszylindermotor im Pajero auf: 104 kW/141 PS machen ihn 160 km/h schnell.

scheiben sowie halbverdeckte Regenrinnen sind die wichtigsten Maßnahmen, die dem Wind ein Schnippchen schlagen. Auch am Gewicht wird gespart: Die Verwendung hochfester Bleche erlaubt wesentlich geringere Materialstärken, 30 Prozent leichter sind die neuen Bauteile von Radhäusern, Frontblechen und Tür-Innenseiten. Die Gewichtseinsparung wird teilweise von einem deutlich gewachsenen Innenraum aufgewogen. Mit einer Sitzraumfläche von 2,73 Quadratmeter ist der neue Colt Meister seiner Klasse. Dies gilt übrigens auch für die Geräuschentwicklung. Bei einer Geschwindigkeit von 100 Kilometer in der Stunde beträgt das Innengeräusch lediglich 67 Dezibel, ein Wert, der nur von sehr wenigen Oberklassen-Limousinen erreicht wird.

Gleich beim Verkaufsstart bietet Mitsubishi eine umfangreiche Motorenpalette für den Colt an. Als Einsteigermodell ist der Colt 1200 gedacht, der mit seinem 55 PS starken 1,2-Liter-Vierzylinder 150 Kilometer in der Stunde erreicht. Die 1,5-Liter-Maschine leistet dagegen 75 PS und beschleunigt den Mitsubishi auf 160 Stundenkilometer. Der rasanteste Colt ist das Turbo-Modell mit einem 1,6-Liter-, 125 PS starken Motor. 193 Kilometer in der Stunde erreicht der dreitürige Flitzer damit. Ebenfalls neu ist der 1,8-Liter-Dieselmotor mit 58 PS, ein speziell für den Einsatz in Fahrzeugen der Kompaktklasse entwickeltes Aggregat. Der Wirbelkammer-Diesel erreicht sein höchstes Drehmoment von 108 Newtonmeter bereits bei 2500 Umdrehungen, zwei gegenläufige, mit doppelter Kurbelwellendrehzahl rotierende Ausgleichswellen bringen mit dem »Silent Shaft«-Prinzip dem kleinen Selbstzünder Manieren bei: Die Fachleute sind von seiner Laufruhe begeistert. Die beiden kleineren Ottomotoren wurden aus bereits eingesetzten Maschinen entwickelt, der 1,6-Liter Turbo dagegen von Grund auf neu entworfen. Die auf einer Bosch-Entwicklung basierende Zentraleinspritzung wird elektronisch gesteuert, dies erlaubt die Verwendung von unverbleitem Kraftstoff. Im Jahr 1984 steht dies freilich nur als kleiner Nachtrag im Prospekt, die große Zeit der umweltfreundlichen Mitsubishis kommt erst.

Kein Rucksack, sondern Kofferraum

Kurz nach der Premiere des Colt gibt das neue Schwestermodell Lancer sein Debüt in Deutschland. Obwohl beide Fahrzeuge von den selben Entwicklungsteams konstruiert wurden, führt die klassische Stufenhecklimousine Lancer ein optisches Eigenleben. Der Kofferraum – stattliche 410 Liter Volumen bietet er – wirkt keinesfalls wie angeklebt. Kritische Sprüche wie »Colt mit Rucksack« fallen dem Betrachter beim bösesten Willen nicht ein. Das Motorengeräusch im Lancer stimmt mit dem im Colt überein, nur der Turbomotor und die 1,2-Liter-Maschine bleiben dem Heckklappenwagen vorenthalten.

Galant der zweiten Generation

Auch das Flaggschiff der Mitsubishi-Flotte – der Galant – wird im August 1984 mit neuer Form und Technik präsentiert. Besonders loben Fachleute und Kunden den hohen Fahrkomfort, den großen Insassenbereich und den ebenfalls sehr geräumigen Kofferraum. Der Motor ist vorne und quer in der keilförmigen Karosserie eingebaut, der neue Galant wird auf Frontantrieb umgestellt. Außerdem steckt eine Menge Elektronik in ihm: Türen können von außen nicht mehr verriegelt werden, solange der Zündschlüssel im Schloß steckt. Die Innenraumbeleuchtung schaltet mit einer fünf Sekunden dauernden Verzögerung aus, die Geschwindigkeit der Scheibenwischer wird abhängig vom Fahrtempo geregelt. Das Topmodell Galant Royal bekommt außerdem einen besonderen technischen Leckerbissen: Das elektronische Fahrwerk gleicht automatisch das Niveau bei Beladung des Kofferraums aus, senkt darüber hinaus die gesamte Karosserie bei Fahrgeschwindigkeiten über 90 Kilometer in der Stunde um 20 Millimeter ab, um Luftwiderstand und Auftriebskräfte zu verringern. Die Feder- und Dämpfungselemente werden von kleinen Pumpen der jeweiligen Fahrsituation angepaßt, je nachdem, wie der Galant bewegt wird, sportlich straff oder komfortabel und sanft. Das Topmodell von Mitsubishi ist eines der ersten Automobile auf der ganzen Welt, das mit einem aktiven Fahrwerk ausgerüstet wird, und der Vorgänger einer erfolgreichen Entwicklung von hochmodernen Sicherheitsfahrwerken, die in den nächsten Jahren typisch für Mitsubishi werden soll.

Auch ein Antiblockiersystem kann nun geordert werden, der 150 PS starke Galant Turbo hat es sogar serienmäßig. Die Ausstattung setzt einen neuen Komfort-Maßstab für Automobile. Der Galant 2000 GLS erhält elektrisch verstellbare Außenspiegel, Servolenkung, Motorantenne, Zentralverriegelung, eine elektronisch regulierte Heizung und eine Scheinwerfer-Waschanlage serienmäßig. Temporegler und Klimaanlage werden im Royal eingebaut.

Der ständig gewachsene Verkehrsstrom veranlaßt die Fachwelt in diesen Jahren, den zweiten, rechten Außenspiegel als Serienstandard von den Automobilherstellern zu fordern. Mitsubishi braucht sich nicht weiter um die damit verbundene heftige Kritik zu kümmern: Alle Fahrzeuge mit den Drei Diamanten am Kühlergrill werden grundsätzlich nur mit zwei Außenspiegeln angeboten, seit Jahren schon und ohne Aufpreis!

Länge läuft: Der große Bruder des Pajero

Im Herbst 1984 wird zusätzlich zum dreitürigen Pajero – von dem in weniger als einem Jahr 6649 Stück verkauft worden sind – eine größere, komfortbetonte Variante des erfolgreichen Geländewagens mit vier Türen und längerem Radstand angeboten. Bei einer Außenlänge von 4,6 Meter bietet er sieben Sitzplätze, die variabel nutzbar sind. Der gesamte hintere Sitzraum kann umgeklappt und in einen fast 2,6 Kubikmeter großen Laderaum verwandelt werden. Teppichboden, Fondheizung, Scheinwerfer-Waschanlage und ein elektrisches Schiebedach sind ebenfalls ungewöhnlich für die Geländewagenklasse. Nicht nur für Abenteuer-Fahrten taugt der lange Pajero – er kann bis 50 Zentimeter tiefe Wasserdurchfahrten meistern –, auch als Zugwagen für schwere Boots-, Pferde- oder Transportanhänger eignet er sich bestens. Motorisiert mit dem 2,3-Liter-Turbodiesel, darf er bis zu 2,4 Tonnen ins Schlepp nehmen.

Im gleichen Jahr wird der Starion neu aufgelegt. Die »Flunder« aus Japan unterstreicht den Anspruch Mitsubishis, auch in der Sportwagenklasse ein Wörtchen mitzureden. Sein 2-Liter-Motor erreicht mit einem Turbolader und Ladeluftkühler nun satte 180 PS und das stattliche Drehmoment von 290 Newtonmeter. 230 Kilometer in der Stunde schafft der Neue, in acht Sekunden spurtet er von Null auf 100. Das renovierte Fahrwerk ist den Fahrleistungen angepaßt, Einzelradaufhängung und vier innenbelüftete Scheibenbremsen machen den Renner sicher.

Das blaue Umweltzeichen

Viel wurde diskutiert, jetzt wird es langsam ernst. Die Autoabgase müssen sauberer werden, um das immer weiter um sich greifende Waldsterben zu stoppen. Über 70 Prozent des Waldes sind 1984 gefährdet, zum Teil schon unrettbar von der heimtückischen Baumkrankheit befallen. Die Tankstellen in der Bundesrepublik bieten immer häufiger unverbleites Benzin an, doch nur wenige Fahrzeuge nutzen den neuen Kraftstoff richtig: Der Anteil an Katalysator-Wagen ist verschwindend gering. 1986 wird als Termin für die verbindliche und bundesweite Einführung von unverbleitem Normalbenzin genannt, die Verunsicherung vieler Autofahrer ist groß. Denn nicht alle Motoren vertragen den neuen Sprit und müssen dann auf das teurere Superbenzin ausweichen.

Mitsubishi-Besitzer brauchen sich um die Zukunft keine Gedanken zu machen, die Autos mit den Drei Diamanten geben sich ohne Murren mit bleifreiem Benzin zufrieden. Der Kat-Termin wird jedoch immer wieder verschoben. In Trebur gedeihen schon seit geraumer Zeit Pläne, künftig ausschließlich Autos mit geregeltem Katalysator anzubieten. Im September 1987 ist es dann soweit. Mit Ausnahme des Colt 1200 sind alle PKW, Geländewagen und L 300-Busse serienmäßig mit Dreiwege-Kat ausgerüstet.

Auch Vergasertriebwerke können erstmals mit einem Katalysator ausgerüstet werden. Bisher waren nur Motoren mit elektronischer Überwachung des Einspritzvorgangs für Abgasreinigung mit Katalysatortechnik geeignet, da die nötige genau bemessene Spritmenge eine wichtige Voraussetzung für die korrekte Funktion des wabenförmigen Bausteins im Auspufftrakt war. Mitsubishi verzichtet nicht etwa auf die preisgünstigen Vergasertriebwerke, sondern koppelt die Drosselklappe mit einer elektronischen Motorüberwachung. Auf diese Weise können auch die 1,5-Liter-Triebwerke in Colt und Lancer sowie der Zwei-Liter-Motor des Space Wagon die Kat-Technik nutzen. Doch nicht nur der Katalysator trägt zur Umweltfreundlichkeit bei. Der Tankeinlaß wird mit einem Aktivkohlefilter ausgestattet, der den verdunstenden Kraftstoff auffängt und nach dem Start wieder an den Motor abgibt. Wieder einmal ist Mitsubishi der erste Hersteller, der in Europa ein neues System zur

Auch in der Sportwagenklasse kann Mitsubishi mit dem Starion – hier das Modell von 1989 – ein Wörtchen mitreden.

Verbesserung der Sicherheit oder des Umweltschutzes anbietet. Als einziger Automobilhersteller der Welt bekommt Mitsubishi das blaue Umweltzeichen der Jury Umweltschutz.

Der Gipfel der Mobilität

Der Space Wagon hat sich seit seiner Einführung 1983 einen ständig wachsenden Kundenstamm erobert. 1985 werden die vielfältigen Einsatzmöglichkeiten der Großraumlimousine nochmals gesteigert. Der Space Wagon bekommt wahlweise Allradantrieb. Zwar ist der Siebensitzer nicht als Geländewagen konzipiert, aber dank seiner hohen Bodenfreiheit von 18 Zentimeter und eines sehr kurz übersetzten ersten Ganges bietet er erstaunliche Leistungen abseits befestigter Straßen. Der Space Wagon Allrad ist kräftig motorisiert, sein 2-Liter-Vierzylinder-Triebwerk leistet 102 PS und erreicht ein Drehmoment von 160 Newtonmeter. Der Allradantrieb wird nicht wie beim Pajero über ein Gestänge, sondern über eine halbautomatische Kupplung zugeschaltet. Ein Druck auf den Knopf am Schalthebel, und das Verteilergetriebe leitet die Motorkraft nicht nur zu den vorderen, sondern auch zu den hinteren Rädern des Space Wagon.

Das Allradprogramm von Mitsubishi wächst weiter. Ende 1986 kommt das erste Automobil mit den Drei Diamanten am Bug und permanentem Allradantrieb auf den Markt. Der neue Lancer Kombi 4WD wird ein großer Erfolg, zumal er mit seinem Preis von nur wenig über 22 000 Mark das preisgünstigste Fahrzeug mit permanentem Allradantrieb in dieser Klasse ist. Gegenüber der frontangetriebenen Version des Kombis verfügt die Allradversion über eine um 15 Millimeter höhere Bodenfreiheit und größere Spurweiten. Der zusätzliche Antriebsstrang und das Verteilergetriebe bringen nicht mehr als 70 Kilogramm auf die Waage – konsequenter Leichtbau kommt der Nutzlast des Allradlers zu Gute. Das Zentral-Differential – es verhindert Verspannungen zwischen den einzelnen Rädern bei Kurvenfahrten – wird direkt im Getriebegehäuse auf der Antriebswelle der Vorderräder eingebaut, per Knopfdruck läßt es sich sperren, um besonders schlüpfrige Wegstrecken zu überwinden.

Erfolg dank zuverlässiger Leistungen

In weniger als einem Jahrzehnt hat sich Mitsubishi nun auch auf dem europäischen und besonders dem deutschen Automobilmarkt einen guten Namen erworben. Die Grundsteine für diesen Erfolg wurden mit größter Zuverlässigkeit und modernster Technik gelegt. 1986 hallt die neuste Nachricht aus Trebur wie ein Paukenschlag durch die Automobilwelt: Der vor sechs Jahren noch nahezu unbekannte Hersteller aus Japan gewährt von sofort an auf alle Mitsubishi Personenwagen eine Drei-Jahres-Garantie. Dies ist bislang einzig unter den Großserienherstellern. Die Gewährleistung gilt bis zu einer Laufleistung von 100 000 Kilometer, eine Strecke, die manch anderes Auto gar nicht erst erreicht. »Die übliche einjährige Garantie wurde auf drei Jahre erweitert, weil Mitsubishi-Fahrzeuge nach den bisherigen Erfahrungen außerordentlich wenig störanfällig sind«, heißt es in der Meldung kurz und knapp. Tatsächlich bestätigen die alljährlichen TÜV-Reports, Pannenstatistiken und Testaktionen von Fachzeitschriften die Zuverlässigkeit und Langlebigkeit der Mitsubishis im Alltag auf eindrucksvolle Weise.

Folgende Doppelseite: Die Topmodelle im Galant-Programm: der GTi-16V mit Elektronic-Fahrwerk (rechts) und der GTi-16V Dynamic 4 mit permanentem Allradantrieb und Allradlenkung (links).

Die ganze Welt im Blick

Der europäische und vor allem der deutsche Markt ist für Mitsubishi wichtig geworden. Die hohen Anforderungen, die in Deutschland an Automobile gestellt werden, setzen den Maßstab für Qualität und Zuverlässigkeit für die ganze Welt. Das Unternehmen exportiert in fast alle Länder der Erde, und jedes hat aufgrund unterschiedlicher Vorschriften und der verschiedenartigen Beschaffenheit des Verkehrs- und Straßenwesens spezielle Bedürfnisse. In Deutschland werden hohe Geschwindigkeiten gefahren; die Motoren müssen uneingeschränkt vollgasfest sein. In Japan dagegen besteht seit Mitte der sechziger Jahre ein Tempolimit von 100 Kilometer pro Stunde. Es wurde übrigens im Laufe der Jahrzehnte ständig erhöht, ursprünglich durften Automobile höchstens acht Ri in der Stunde fahren, das sind genau 31,416 Kilometer. Ein Ri ist die alte Entfernungseinheit des Kaiserreichs und entspricht 3,927 Kilometer.

Die verbindliche Einführung des Katalysators in Japan 1975 hat auf der anderen Seite die Entwicklungsarbeit im Bereich der Umweltverträglichkeit wesentlich beschleunigt. In weiten Teilen Asiens, wo Millionen von Mitsubishi-Fahrzeugen täglich im Einsatz sind, werden dagegen hohe Anforderungen an Fahrwerk und Nebenaggregate gestellt. Extreme klimatische Bedin-

Das erste Produkt von »Diamond-Star Motors«: Der Sportwagen »Eclipse«. Er besticht die Kritiker nicht nur durch seine rassige Form – auch die Fahrleistungen überzeugen!

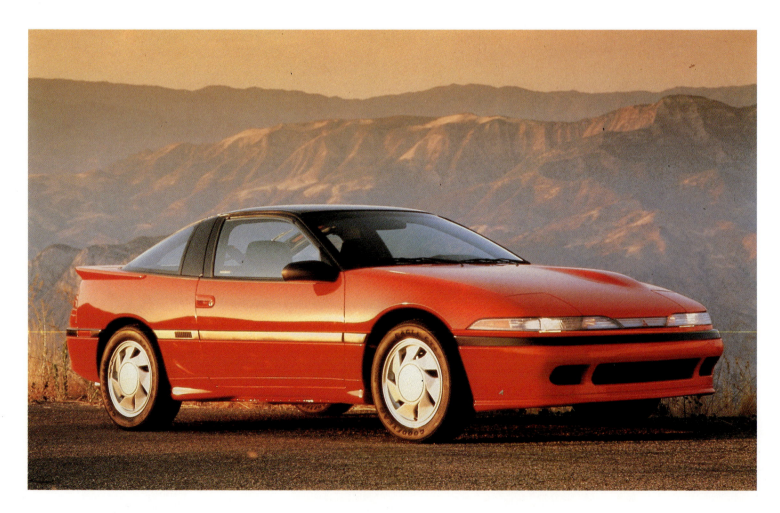

gungen und Straßennetze, die zu weniger als einem Zehntel mit festem Belag versehen sind, fordern das Material auf völlig andere Weise als die Autobahnen in Europa. Das Engagement auf vielen verschiedenen Märkten stellt hohe Anforderungen an die Techniker und fördert die Entwicklung der gesamten Automobilpalette.

Das Mutterunternehmen der MMC Auto Deutschland GmbH in Japan, die Mitsubishi Motors Corporation, widmet nach dem erfolgreichen Start in Europa das Interesse wieder vermehrt den anderen Weltmärkten. 1985 beginnt der japanische Automobilhersteller mit der Produktion des Saga-Wagens, einer viertürigen Stufenhecklimousine mit 1,3- oder 1,5-Liter-Motoren für den malaysischen Markt. In weniger als vier Jahren entstehen die Perusahaan Otomobil Nasional Sdn. (PROTON) mit einer Produktionsfläche von 100 000 Quadratmetern direkt vor den Toren von Kuala Lumpur – ausgelegt auf eine Jahresproduktionskapazität von 80 000 Fahrzeugen. Mitsubishi ist mit 30 Prozent an dem neuen Unternehmen beteiligt und hat die wichtigsten Aufgaben der Entwicklung und Qualitätssicherung übernommen.

DSM: Diamantener Stern für Amerika

Wenige Zeit später, 1988, schlägt Mitsubishi ein weiteres Kapitel der internationalen Zusammenarbeit auf. Mehr als 3000 Gäste nehmen am 10. November an der Einweihungsfeier in Bloomington-Normal im US-Staat Illinois teil. Auf die Bühne rollen ein Mitsubishi Eclipse und ein Chrysler Modell Laser. Am Steuer: Mitsubishi Motors Präsident Toyoo Tate und Chrysler-Chef Lee Iacocca. Ein Handschlag der beiden Wirtschaftsbosse besiegelt symbolisch die neue Zusammenarbeit zwischen Japan und den Vereinigten Staaten: Diamond Star Motors – DSM – ist gegründet.

Die Kooperation von Mitsubishi mit Chrysler reicht bis in das Jahr 1970 zurück. Damals hatten sich die Amerikaner um eine Beteiligung an Mitsubishi Motors bemüht. DSM wird nun unter gleichen Anteilen geführt. Mitsubishi erschließt mit DSM den wichtigen nordamerikanischen Markt, Chrysler profitiert von den modernen und ausgereiften Produktionsmethoden der Japaner. 90 Prozent der harten Arbeit im Karosserie-Teilebau werden bei DSM von Robotern

Ein Meilenstein: 1988 besiegeln Mitsubishi Motors Präsident Toyoo Tate und Chrysler-Chef Lee Iacocca die Zusammenarbeit – Diamond-Star Motors heißt die gemeinsame Firma.

übernommen; die gesamte Produktion kann drei Fahrzeugtypen mit vier verschiedenen Seitenwandformen bewältigen. Die hochautomatisierte Anlage ist mit 480 Robotern bestückt, die täglich bis zu 1000 Fahrzeuge produzieren. Auch die Arbeitsorganisation ist für die 2900 Beschäftigten neu. Während die meisten amerikanischen, und übrigens auch europäischen, Automobilhersteller im Drei-Schicht-Betrieb fahren, begnügen sich japanische Unternehmen mit nur zwei Schichten. Nach dieser verkürzten Produktionsphase von zweimal acht Stunden werden die Maschinen kontrolliert, gewartet und notfalls neu eingerichtet. Der hohe Grad der Automatisierung macht die aufwendige Pflege notwendig, führt die Mitarbeiter weg von anstrengenden und monotonen Arbeiten in der Produktion und hin zu verantwortungsvollen, anspruchsvollen Beschäftigungen. Die Nachtarbeit im Produktionsbereich ist in Japan und bei Mitsubishi weitgehend unbekannt. Der Aufwand für Qualitätskontrollen und Nachbesserung, dem in Europa immer höherer Wert beigemessen wird, ist daher auch in nach japanischen Konzepten geführten Unternehmen weitaus geringer.

Das erste Auto, das bei Diamand Star Motors vom Band rollt, ist der Mitsubishi Eclipse, ein Coupé im klassischen Roadster-Design. Bereits 1982 nahm das Mitsubishi Design Studio in Cypress, nahe Los Angeles, die Arbeit für die Entwicklung der Karosserieform auf. Aber auch Stylisten aus Italien wurden noch während der Entwicklungsphase nach ihrer Meinung zum Eclipse befragt. Das Design des Renners übertrifft alle Erwartungen. Der tiefe Bug und das harmonisch verlaufende Heck des 2 + 2-Sitzers cha-

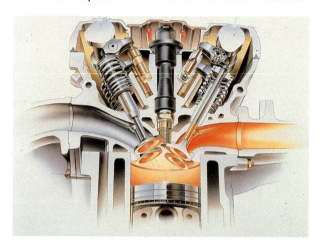

Nadelgelagerte Kipphebel im 16-Ventil-Motor.

Eclipse-Cockpit

1987 tritt der neue Sapporo bei uns an.

rakterisieren einen neuen Typus von Sportwagen, der prächtig zum neu entstandenen amerikanischen Automobilverständnis paßt. Die Motorkraft des Eclipse unterstreicht das dynamische Styling: Bis zu 195 PS leistet sein 2-Liter-Turbotriebwerk mit Ladeluftkühlung; die Höchstgeschwindigkeit des japanisch-amerikanischen Gemeinschaftsproduktes liegt bei über 220 Kilometer in der Stunde. Die Beschleunigung von Null auf Hundert erledigt das Diamond Star-Auto mit der Schnelligkeit eines Abfangjägers beim Alarmstart: mehr als 6,7 Sekunden braucht es nicht für den Sprint. Unter den vergleichbaren Produkten der Mitbewerber schneidet der Eclipse im Test der führenden amerikanischen Autozeitschriften vorzüglich ab. So auch in der »Car and Driver«: Bei Preisvergleich, Treibstoffverbrauch und Bremsenprüfung erreicht er erste Plätze, in der Beschleunigung und bei Messungen der Seitenführungskräfte wird er Vizemeister. Auf der Motorhaube prangen indessen verschiedene Markenzeichen. Der Eclipse wird durch die Drei Diamanten klar als Mitsubishi-Automobil erkannt, entdeckt man dort dagegen einen fünfzackigen Stern, heißt das Sportcoupé Laser und wird über die Chrysler-Händlerorganisationen vertrieben. Die Produktion bei Diamond Star-Autos wird genau pari gefahren: 50 Prozent der Sportwagen rollen als Mitsubishi Eclipse, 50 Prozent unter dem Chrysler-Stern — als Plymoth Laser — auf die Straßen. Die jüngsten Modelle der beiden Kraftsportler bekommen auch einen permanenten Allradantrieb mit zentraler Viskose-Kupplung. Bei Mitsubishi heißen diese Sportversionen Eclipse GSX, bei Chrysler werden sie als Eagle Talon TSi vertrieben.

Schon 1986 rücken Mitsubishi und Chrysler dichter zusammen. Die Japaner entwickeln ein revolutionäres V6-Triebwerk, das mit seiner kompakten Bauweise und souveränen Kraftentfaltung alles Bekannte in den Schatten stellt, und beliefern den amerikanischen Markt damit.

Der V6 ist einer der leichtesten Automobil-Motoren auf dem Markt. Ganze 156 Kilogramm bringt das 49 Zentimeter lange und 64 Zentimeter breite Aggregat auf die Waage und eignet sich daher auch für den Einbau in kleineren Fahrzeugen mit Frontantrieb. 150 PS leistet der 3-Liter-Motor, bereits bei 1200 Umdrehungen liefert er mehr als 220 Newtonmeter Drehmoment. Wirtschaftlicher Treibstoffverbrauch, kultivierter Lauf und dank Katalysatortechnik umweltfreundliche Emissionen sind die wesentlichen Charakteristika des V6 3000, der mittlerweile im Mitsubishi Debonair für den japanischen und amerikanischen Markt, sowie im Pajero arbeitet.

Kein Stillstand des Fortschritts

Neue Technologien und Meßmethoden haben das Tempo der Entwicklungen und des Automobil-Fortschritts in Japan wie kaum in einer anderen Automobilnation der Welt beschleunigt. Schlag auf Schlag werden Neuerungen in der Mitsubishi-Produkt-Palette eingeführt, die Umweltfreundlichkeit, Sicherheit und Wirtschaftlichkeit der Fahrzeuge verbessern. In Zusammenarbeit mit Mitsubishi Heavy Industries entwickelt Mitsubishi Motors parallel zum V6 3000 den ersten Turbolader der Welt mit variabler Geometrie. Die Abgasturbine gewährleistet eine gleichmäßige Versorgung der Brennräume über den gesamten Drehzahlbereich hinweg. Sensoren teilen einem Mikrorechner ständig Daten über Ladung und Drehzahl mit, die Turbinenschaufeln werden daraufhin in unterschiedliche Positionen gebracht, um den Abgasstrom effektiv zu nutzen. Bei hoher Drehzahl und großem Abgasstrom öffnen sich die Schaufeln völlig, um ein Maximum an Leistung zu erreichen. Steht dagegen nur eine geringe Abgasmenge mit geringer Strömungsgeschwindigkeit zur Verfügung, werden die Schaufeln teilweise geschlossen oder angestellt, um auch aus dieser Energie große Turbinendrehzahlen zu

Der Innenraum des neuen Galant: Ergonomisch und harmonisch bis ins Detail.

Rechts: Im Frühjahr 1988 schlägt die Stunde eines neuen Galant.

gewinnen. In den Fuso-Schwerlastwagen und -Zugmaschinen bewährt sich der Turbo VG (variable geometry) bestens. Der variable Turbolader soll auch in Personenwagen eingesetzt werden.

1987 wird eine weitere Weltneuheit in die Serienproduktion übernommen: Mitsubishi entwickelt den ersten nadelgelagerten Kipphebel. Gegenüber herkömmlichen Kipphebeln senkt das Nadellager die für die Ventilsteuerung nötige Kraft um 30 bis 50 Prozent. Im Stadt- und Landstraßenverkehr verringert die neue Technik den Treibstoffverbrauch um vier bis fünf Prozent. Der Motor spricht schneller und leichter an, die Wartung des Ventiltriebs wird zu einer vernachlässigbaren Größe. Und auch die Laufkultur der Motoren kann durch die leichtgängigen Nadellager deutlich verbessert werden. Das Arbeitsgeräusch der Triebwerke reduziert sich, die Laufruhe steigt dagegen merklich. Nadelgelagerte Kipphebel arbeiten in den Dieselversionen von Colt, Lancer, Galant und in allen 16-Ventilern.

Sapporo mit schlauem Fahrwerk

In Deutschland wird 1987 der neue Sapporo eingeführt. Die Nobel-Limousine ist mit einem 2,4-Liter-Vierzylinder motorisiert, der 124 PS leistet und den 1270 Kilogramm schweren Wagen auf 190 Kilometer in der Stunde beschleunigt. Ein Antiblockiersystem gibt es serienmäßig, die Automatik-Version bekommt zusätzlich eine elektronisch geregelte Klimaanlage.

Der Katalysator wird in allen Sapporo-Versionen ohne Aufpreis eingebaut. Hierfür, und für die umweltfreundliche Produktwerbung, verleiht der Verband Deutscher Waldbesitzer der MMC Auto Deutschland GmbH auf der Grünen Woche in Berlin 1987 seinen Umweltpreis.

Hohe Umweltverträglichkeit ist seit jeher für Mitsubishi eines der obersten Gebote bei der Entwicklung neuer Modelle gewesen. Der geregelte Katalysator gehört deshalb schon seit 1987 zur Serienausstattung aller Fahrzeuge mit Benzinmotor. Außerdem trägt das Aktivkohlefiltersystem, das den verdunstenden Kraftstoff auffängt und dem Motor zuführt, wesentlich zum Umweltschutz bei.

Service vor der Haustür

Mitsubishi-Automobile sind in Werkstätten seltene Gäste, das beweisen die Pannenstatistiken und TÜV-Reports Jahr für Jahr. Dennoch – es kommt der Tag, da will auch das zuverlässigste Auto nicht mehr. Verschleißteile wie Reifen, Batterie, Keilriemen oder Zündkerzen müssen gewechselt werden; nach allzu nahem Kontakt mit anderen Verkehrsteilnehmern sollen Colt, Galant und Co. schnell wieder ihr ursprüngliches Aussehen bekommen. 1986 beginnt Mitsubishi damit, zusätzlich zu dem auf mittlerweile über 900 Adressen gewachsenen Händlernetz regionale Stützpunkte zu errichten, über die der Ersatzteilservice innerhalb von 24 Stunden abgewickelt wird. Nach den Ersatzteildepots in

Holzgerlingen bei Stuttgart, dem Stützpunkt Roth bei Nürnberg, wird Ende 1987 das Depot in Buchholz bei Hamburg in Betrieb genommen. In kurzer Folge werden weitere Lager in Herne und Flörsheim ihrer Bestimmung übergeben. Während im Zentraldepot in Trebur rund 70 000 verschiedene Teile lagern, halten die Außenlager rund 15 000 Positionen vorrätig. Über Standleitungen sind die Computer der Außenstellen mit der zentralen Rechenanlage in Trebur verbunden. Tägliche Belieferung der Händler garantiert kurze Werkstattzeiten für die Kunden.

Als erster Hersteller in Deutschland bietet Mitsubishi im September 1986 eine Drei-Jahres-Garantie für alle Mitsubishi-PKW an. Diese einmalige Garantie schließt 1989 auch den Inter-Euro Service ein. Eine Einsatzzentrale, deren Telefonanschluß 24 Stunden täglich besetzt ist, vermittelt europaweiten Reparatur-Service, arrangiert notfalls Hotelübernachtungen, organisiert einen Mietwagen, falls die Reparatur im Ausland länger dauern sollte. Die Garantie schließt auch die Kosten der Heimreise mit Eisenbahn oder Flugzeug für alle Fahrzeuginsassen ein und bezahlt dem Fahrer wiederum die Reise, um das reparierte Auto abzuholen.

Geheimprojekt H41

1984 beginnen in den Entwicklungszentren von Mitsubishi emsige Studien zu einem streng geheimgehaltenen Projekt. H41 lautet die nichtssagende Bezeichnung der Aktenordner. Schon 1985 nimmt die Idee Gestalt an: In Okazaki werden zwei Modelle präsentiert, eines davon für die Serienproduktion ausgewählt: Dies war die Geburtsstunde des neuen Galant. Doch zunächst muß der Neue auf die Schulbank. Unzählige Testkilometer spulen die Prototypen im 24-Stunden-Betrieb in allen klimatischen Zonen der Welt ab, unablässig laufen Dauerversuche auf stationären Prüfständen mit Motoren, Fahrwerken und Karosserien.

Im Frühjahr 1988 ist es dann soweit, das Bild auf den Straßen in Europa ändert sich. Der neue Galant wird zum Bestseller bei Mitsubishi. Den Stylisten in Okazaki, dem Mitsubishi-Entwicklungszentrum, ist es gelungen, in Japan ein »europäisches« Automobil zu konstruieren. Die sanfte S-Form der seitlichen Karosseriewand gibt dem Galant eine harmonische Linie, an der Aerodynamik wird mit feinstem Korn geschliffen. Die abgerundete Bugpartie schafft die optische

Im neuen Galant sorgt wahlweise ein Elektronik-Fahrwerk der dritten Generation für souveränes Fahrverhalten.

Ein Jahr nach dem Stufenheck-Galant folgt 1989 die elegante Fließheck-Version.

Voraussetzung für die Keilform der Karosserie. Aber auch der Innenraum findet das ungeteilte Lob der Kritiker. Der abfällige Begriff vom »Plastikauto« für andere Fahrzeuge aus dem Fernen Osten findet beim Galant 88 keine Anwendung. Mitsubishi beweist, daß Kunststoff nicht wie »Küchen-Plastik« aussehen muß und bietet im neuen Flaggschiff der Diamanten-Flotte einen komfortablen Innenraum mit ebenso behaglicher wie funktioneller Atmosphäre.

Zwei Motoren stehen im Galant vorerst zur Wahl: Ein 1,8-Liter-Vierzylinder-Vergasermotor mit 86 PS und ein 2-Liter-Einspritzer mit 109 PS. Drei Monate später folgen ein 1,8-Liter-Turbodiesel mit 75 PS und ein sportlicher 2-Liter-Sechzehnventiler mit 144 PS, der mit einer Weiterentwicklung des vom Sapporo bekannten elektronischen Fahrwerks (ECS) ausgerüstet wird.

Das Elektronik-Fahrwerk ECS (Electronic Controlled Suspension) der dritten Generation des Mitsubishi Galant reagiert aktiv auf die jeweilige Fahrbahnbeschaffenheit und die Beeinflussung durch den Fahrer. Besondere Beachtung beim neuen ECS-Fahrwerk wurde auf die Bodenhaftung der Reifen gelegt. Eine gleichmäßige Auflage der Reifen in allen Geschwindigkeitsbereichen, bei Kurvenfahrten, beim Anfahren und Bremsen, ist entscheidend für die Fahrstabilität und aktive Sicherheit eines Fahrzeugs.

Um zum Beispiel Karosseriebewegungen um die Quer-, Längs- und Hochachse zu verhindern, verfügt das neue ECS-Fahrwerk über mehrere Funktionen: So werden Nickbewegungen beim Bremsen und Beschleunigen, Wankbewegungen um die Längsachse bei Kurvenfahrten (Karosserieneigung) und Aufschaukeln auf unebener Strecke automatisch ausgeglichen. Dies geschieht durch eine Kombination aus pneumatischer Niveauregulierung und aktiver Dämpfungsbeeinflußung.

Die pneumatische Niveauregulierung nimmt vor allem auf die sogenannten Wank- und Nickbewegungen des Fahrzeugs Einfluß. Um beispielsweise das Eintauchen des Vorderwagens beim Bremsen zu verhindern, wird Druckluft in die Luftkammer der vorderen Federbeine gepumpt. Gleichzeitig entnimmt die elektronische Steuerung Luft aus den hinteren Luftkammern der Federbeine, um das Fahrzeug dort abzusenken, so daß der unangenehme Eintaucheffekt beim Bremsen ausbleibt. Ähnlich funktioniert das System bei Kurvenfahrten. Seitliche Karosserieneigungen werden durch Zufuhr bzw. Entnahme von Druckluft aus den linken oder rechten Federbeinen verhindert – das Fahrzeug liegt nahezu parallel zur Fahrbahn. Dieser Steuervorgang paßt sich automatisch der jeweiligen Geschwindigkeit und Querbeschleunigung an und ist auch auf die jeweils vorgewählte Fahrstufe abgestimmt.

Ohne Beeinflussung durch den Fahrer verändert der Computer die Dämpfung des Fahrzeugs vom Komfortbereich in eine sportlich straffere Abstimmung, wenn es der Straßenzustand, starke Lenkeinschläge, Brems- oder Beschleunigungsvorgänge erfordern. Hierfür sorgen sieben Sensoren, die bereits bei der pneumatischen Niveauregulierung aktiv werden. Beispiel Vollbremsung: Fünf der sieben Sensoren werden in Bruchteilen einer Sekunde aktiviert – zuerst der Drosselklappensensor, wenn der Fahrer den Fuß vom Gas nimmt, dann der Bremslichtsensor, vorderer und hinterer Höhensensor und schließlich der Geschwindigkeitssensor.

Um die Dämpfungscharakteristik des Fahrwerks zu beeinflussen, hat der Fahrer die Möglichkeit, per Knopfdruck in der Bedienungskonsole manuell den gewünschten Federungskomfort zu wählen. Hierzu gibt es drei Stufen.

In der Stufe »Soft« ist das Fahrwerk des Galant bis 130 Kilometer in der Stunde komfortabel abgestimmt. Jenseits dieses Geschwindigkeitsbereichs wählt der Computer automatisch den etwas härteren Dämpfungsbereich »Medium«. Die harte sportliche Dämpfung wird in diesem Fall nicht aktiviert.

Wählt der Fahrer die Stufe »Auto«, dann regelt der Bordcomputer je nach Fahrbahnzustand und Fahrsituation, Fahrwerksdämpfung und -Federung individuell von »Soft« bis »Sport«.

Als dritte Wahlmöglichkeit kann der Fahrer in der Stufe »Sport« seinem Fahrzeug im gesamten Geschwindigkeitsbereich, von Null bis zur Höchstgeschwindigkeit, eine sportliche straffe Dämpfungscharakteristik geben.

Das ECS-Fahrwerk setzt die Fahrleistungen des GTi 16V in hohe aktive Sicherheit um. Es verfügt sowohl über die automatische, als auch eine manuelle Niveau-Regulierung.

Im normalen Fahrbetrieb wird das Fahrzeug in der neutralen Höheneinstellung gefahren. Bei Geschwindigkeiten über 130 wird automatisch der vordere Teil um 20 Millimeter abgesenkt. Dadurch verbessert sich die Stirnfläche, also der Luftwiderstand. Um bei Dunkelheit eine gleichmäßige Fahrbahnausleuchtung zu gewährleisten, wird bei eingeschalteten Scheinwerfern das Heckteil des Fahrzeugs mit abgesenkt.

Bei extrem schlechtem Fahrbahnzustand, also heftigem Schlagen der Räder, wird bis zu einer Geschwindigkeit von 40 Kilometer in der Stunde automatisch die Bodenfreiheit um 30 Millimeter angehoben. Bei Geschwindigkeiten über 40 senkt sich das Fahrzeug wieder in die normale Stellung ab.

Unabhängig von der automatischen Höheneinstellung läßt sich die Bodenfreiheit des Fahrzeugs manuell an der Bedienungseinheit verändern. Wahlweise kann das Fahrzeug um stattliche 30 oder 50 Millimeter angehoben werden. Eine automatische Absenkung in Normalstellung erfolgt, sobald eine Geschwindigkeit von 60 oder 25 Kilometer pro Stunde erreicht wird.

Ein in diesem Fahrwerk integrierter Niveaulift gleicht zudem alle verschiedenen Beladungszustände aus. Die Motorleistung in optimale Straßenlage umzusetzen, ohne dabei abstimmungsbedingte Kompromisse schließen zu müssen, war die Zielsetzung bei der Entwicklung der elektronischen Fahrwerksregelung ECS des Mitsubishi Galant.

Ein Jahr nach der Stufenheck-Version kommt der Galant auch mit Fließheck nach Deutschland. Der variable Innenraum mit seiner asymmetrisch umklappbaren Rückbanklehne und maximal 720 Liter Ladevolumen führt das bewährte Prinzip der vielseitig nutzbaren Limousinen von Mitsubishi fort. Der Galant mit Fließheck besitzt als 16-Ventiler ebenfalls das Electronic-Fahrwerk.

High-Tech im Serienauto

Der Galant soll noch mehr können: Von Anfang der Entwicklung an wird der Neue als Basis für ein High-Tech-Fahrzeug gesehen, das auf Fahrwerk und Karosserie des »zahmen« Galant aufbaut. In den Merkheften der Ingenieure tauchen jede Menge Abkürzungen auf, die für Laien zu dieser Zeit nicht immer verständlich sind: 4WD, 4WS, 4IS, 4ABS, 16V, DOHC, ECS. Gedacht war an ein Super-Auto, in dem alle technischen Möglichkeiten des modernen Automobilbaus ausgeschöpft werden und das die Begriffe Komfort, Sport und Sicherheit in einer vollwertigen Reiselimousine miteinander vereint.

Nur sechs Monate nach der Premiere des »normalen« Galant kündigt Mitsubishi das neue Topmodell an: GTi 16V Dynamic 4 lautet sein Name; auf einem Grand-Prix-Kurs, dem Hungaro-Ring bei Budapest, gibt er seinen Einstand. Von außen nur an seitlichen Schutzflächen, Front- und Heckspoiler sowie am geänderten Grill zu erkennen, verbirgt sich unterm Blech eine einzigartige Technik. Neben Einzelradaufhängung und Antiblockiersystem bekommt der Super-Galant Allradantrieb und Allradlenkung. Er ist damit das erste Auto überhaupt, das diese technischen Möglichkeiten vereint. Unter der Haube steckt ein 2-Liter-Vierzylinder-Aggregat mit Benzineinspritzung, zwei obenliegenden Nockenwellen, vier Ventilen in jedem Zylinder und 144 PS. Dieser Motor ist beileibe nicht die leistungsstärkste Variante, die Mitsubishi in den Dynamic 4 einbauen könnte. Ein ebenfalls vierzylindriger 2-Liter-Motor mit 16 Ventilen steht abrufbereit in Japan. Ein Turbolader mit Ladeluftkühler haucht ihm nochmal 61 PS mehr ein, der VR 4 – so die werksinterne Kurzbezeichnung – ist damit über 230 Kilometer in der Stunde schnell. Ohne Aufladung verleiht ihm das 16-Ventil-Triebwerk eine Höchstgeschwindigkeit von gut 200 Kilometer in der Stunde. Der technische Aufwand im Dynamic 4 wird in erster Linie

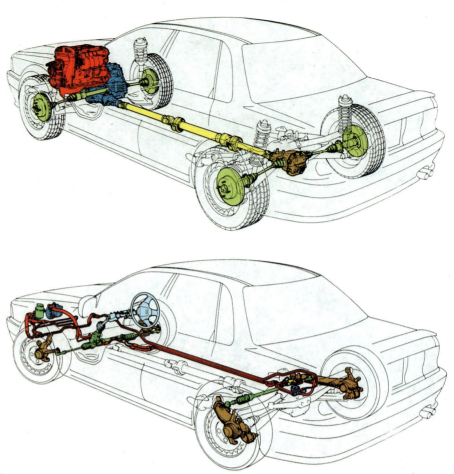

um der Sicherheit willen getrieben. So sorgen das Antiblockiersystem und der Allradantrieb für zuverlässige Beschleunigung und Verzögerung in allen Fahrsituationen. Einzelradaufhängung und Allradlenkung dagegen garantieren vorzügliche Fahrwerkseigenschaften, die sich auf Geradeauslauf ebenso wie auf Kurvenverhalten auswirken. Die Hinterräder des Galant Dynamic 4 werden ausschließlich gleichsinnig, also in der-

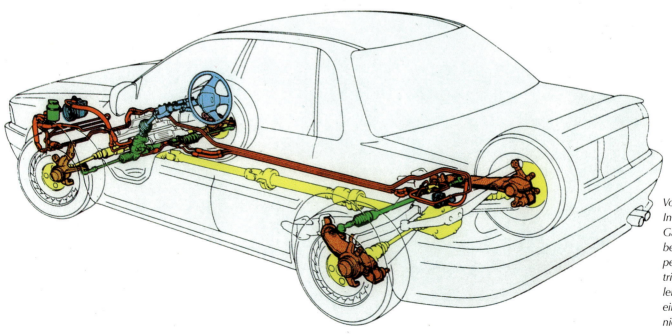

Von oben nach unten: In der Topversion des Galant Dynamic 4 sind bei Mitsubishi erstmals permanenter Allradantrieb (oben) und Allradlenkung (Mitte) in einem Fahrzeug kombiniert (unten).

Flache Schnauze, breite Doppelscheinwerfer – die neue, charakteristische Mitsubishi-Frontpartie.

In der Kompaktklasse tritt 1988 der neue Colt an. Die Topversion tritt mit 16-Ventil-Motor und 124 PS an.

selben Richtung wie die Vorderräder, gelenkt. Das Vierradlenksystem des Galant Dynamic 4 – 4WS, »Four Wheel Steering«, lautet der Fachbegriff – soll nicht als Hilfe beim Einparken funktionieren und die verwirrenden Eigenschaften einer widersinnigen Lenkung bekommen, sondern den schnellen Spurwechsel oder Ausweichmanöver bei Geschwindigkeiten oberhalb von 50 Kilometer in der Stunde sicherer machen. Die Auswirkungen der Vierradlenkung zeigen sich im praktischen Fahrbetrieb bereits ab mittlerer Fahrgeschwindigkeit.

Ein Beispiel für den Sicherheitsgewinn sind Ausweichmanöver, abrupt vollzogene Fahrbahnwechsel oder das schnelle Durchfahren langgezogener Kurven. Da durch die Allradlenkung die auftretenden Querbeschleunigungskräfte wesentlich weicher auftreten, lassen sich solche Fahrsituationen schnell, flüssig und fahrstabil vollziehen. Wank- und Schaukelbewegungen des Fahrzeuges sind dabei auf ein Minimum reduziert. Auch beim Geradeausfahren wird die Fahrstabilität von äußeren Faktoren wie Straßenbeschaffenheit und Windverhältnissen kaum beeinflußt, da erforderliche kleine Lenkkorrekturen präzise weitergegeben werden.

Die Arbeitsweise der Allradlenkung ist einfach und daher betriebssicher. Beide Lenkmechanismen – für Vorder- und Hinterräder – arbeiten mit eigenen Hydrauliksystemen. Abhängig vom Einschlag des Lenkrades und dem Einschlag der Vorderräder verändert die Hinterachslenkung die Spur der von ihr geführten Räder, bis zu 1,5 Grad höchstens. Sollte der Druck im hydraulischen System plötzlich abfallen, wird die Hinterradlenkung automatisch in Neutralstellung verriegelt, der Dynamic 4 läßt sich dann wie jedes andere Fahrzeug steuern. Aufgrund der hohen Betriebssicherheit erhält die Allradlenkung des Galant Dynamic 4 die Allgemeine Betriebserlaubnis in der Bundesrepublik Deutschland sofort.

Ohne Schmutz und Tadel

Neben Fahrdynamik, Komfort und Sicherheit kommt – bei Mitsubishi beinahe schon traditionsgemäß – der Umweltschutz im Galant Dynamic 4 nicht zu kurz. Ein geregelter Katalysator und das Aktivkohlefiltersystem sind serienmäßig. Doch was nützt der schönste Kat, wenn er nicht richtig funktioniert, was die feinfühligste Lambda-Sonde, wenn sie längst ihren Dienst beendet hat? Im normalen Betrieb bemerkt der Fahrer das Versagen der Umwelttechnik nicht, erst die nächste Abgassonderuntersuchung (ASU) kann ihn darauf aufmerksam machen. Bis dahin jedoch hat der Auspuff schon kilogrammweise Schadstoffe ungereinigt in die Luft entlassen.

Mitsubishi stattet den Dynamic 4 und alle anderen Personenwagen der jüngsten Generation mit Einspritzmotoren als erster Hersteller mit einem Schadstoff-Check-Diagnose-System (SCD) aus, das direkt nach dem Anlassen des Motors die für die Abgasentgiftung wichtigen Funktionen kontrolliert. Fünf Sekunden lang prüft SCD die gesamte Gemischaufbereitungsanlage. Die Kontrolle erstreckt sich auf die Lambda-Sonde im Auspuff, Luftmassenmesser, Klopf-, Kurbelwinkel- und Geschwindigkeitssensoren. Auch der kompakte Rechner, der die elektronische Benzineinspritzung oder Vergasersteuerung regelt, wird in Sekundenschnelle überprüft. Dann sollte die SCD-Kontrolleuchte am Armaturenbrett erlöschen. Brennt sie dagegen weiter, weiß der Fahrer, daß er die nächste Mitsubishi-Werkstatt aufsuchen muß, um mit reinem Gewissen und umweltfreundlich weiterfahren zu können. Noch kann das System mechanische Beschädigungen am Katalysator-Körper, wie sie durch Bodenberührung eventuell auftreten, nicht überprüfen. In Japan sitzen die Abgas- und Meßtechniker jedoch bereits zusammen, um diesen letzten Unsicherheitsfaktor auszuschalten.

Life-Style im High-Tech-Auto

1988 kommt eine weitere richtungsweisende Neuheit von Mitsubishi auf die europäischen Straßen: Der neue Colt tritt in der heißumkämpften Kompaktklasse an. Seine Entwicklung ist eng mit der des erfolgreichen Galant verknüpft: Mitsubishi-Automobile werden künftig an ihrer charakteristischen Frontpartie zu erkennen sein: Eine flache Motorhaube, breite Doppelscheinwerfer, weit in die Seitenfläche gezogene Blinkerreihen kennzeichnen das Gesicht des neuen Colt. In einer sanften Rundung geht die Frontscheibe in die Dachpartie über; das Heck schließlich fällt in einer dynamischen S-form bis

Eine Kontrolleuchte im Armaturenbrett signalisiert Abweichungen in der Abgasentgiftung – ASU im Auto!

Eigenständiges Design hebt den Colt klar von seinen zahlreichen Konkurrenten ab.

Auch der neue Lancer fällt durch seine außergewöhnlich steilstehende Heckscheibe in der Masse sofort auf.

zur Stoßstange ab. Die großen Fensterflächen – besonders die bis zur Heckklappe reichenden hinteren Seitenscheiben – prägen sein Erscheinungsbild.

Der Innenraum des Neuen gefällt den Fachleuten ebenso wie den Kunden. Die neue Design-Linie wird von einer gediegenen Atmosphäre gekennzeichnet. Der Kofferraum läßt sich dank der geteilt umklappbaren Rückbanklehne von 222 auf mehr als 600 Liter Volumen vergrößern. Basistriebwerk des Colt ist ein überarbeiteter 1,3-Liter-Vierzylinder mit geregeltem Kat und 60 PS, der den 930 Kilogramm schweren Wagen auf 151 Kilometer in der Stunde beschleunigt. Der neue 1,5-Liter-Einspritzer schafft mit kräftigen 84 PS 165 Kilometer, der

überarbeitete 1,8-Liter-Diesel erreicht 60 PS und 148 Kilometer. Der sportlichste neue Colt, der 1600 GTI 16V, wird von einem 1,6-Liter-Vierventilmotor angetrieben und bringt es mit 124 PS auf 195 Kilometer in der Stunde. Alle Modelle bekommen ein Fünfganggetriebe, die Benziner einen geregelten Dreiwege-Kat. Die Fahrwerke sind den Fahrleistungen angemessen, der GTi wird mit einem Antiblockiersystem, Servolenkung und einer strafferen Fahrwerksabstimmung ausgestattet.

Der Colt erntet in der internationalen Presse viel Lob, als höchste Auszeichnung wird ihm 1988 – wie zuvor im Jahr 1984 bereits dem Galant – das Goldene Lenkrad, der begehrte Kritikerpreis, zugesprochen.

Mitte 1989 kommt vom Lancer auch eine attraktive Fließheck-Ausführung auf den Markt. (Links)

In Japan macht unterdessen mal wieder ein Mitsubishi-Winzling von sich reden: 1989 wird dort der neue »Minica« mit dem ersten in Großserie hergestellten Drei-Zylinder-Motor mit fünf Ventilen pro Zylinder vorgestellt. In Kombination mit einem Turbolader leistet das Maschinchen so stolze 64 PS. Weitere Superlative gefällig? Allradantrieb, Automatikgetriebe, Lampen, die um die Ecken leuchten und ein Modell mit drei Türen (davon zwei auf der Beifahrerseite) – beim »Minica« ist alles möglich und vor allem bereits zu kaufen, was in Europa bestenfalls in Studien existiert

Lancer kommt mit Gardemaßen

Der Lancer – er wird parallel zum Colt vorgestellt – rundet die neue Modellpalette der Mitsubishi-Personenwagen ab. Seine Frontpartie ist ebenso wie der Innenraum identisch mit der des Colt. Die ungewöhnlich steilstehende Heckscheibe der klassischen Stufenhecklimousine sorgt für bemerkenswert viel Platz auf der Rückbank. »Da haben selbst Passagiere mit Gardemaß Platz«, befinden die Kritiker. Der 337 Liter große Kofferraum bietet ausreichend Platz für das Reisegepäck. Um sperrige Gegenstände zu transportieren, können die Rückbanklehnen des Lancer umgeklappt werden, dies ist ebenfalls eine Neuheit in der Mittelklasse. Vor allem die Zuladung stößt auf Begeisterung: Fast eine halbe Tonne darf man in den Lancer hineinpacken; in dieser Kategorie galt das bislang als unerreichbarer Wert. Unbeladen wiegt der Lancer 970 Kilogramm, die beiden Motorenangebote passen gut zum Fahrzeuggewicht: Mit dem 1,5-Liter-Einspritzer (165 Kilometer in der Stunde) und dem Dieselmotor (148 Kilometer in der Stunde) kommt der Lancer flott und wirtschaftlich voran.

Mitte 1989 erhält die Lancer-Familie Zuwachs durch eine Fließheckvariante, die mit der 1,5-Liter-Maschine oder dem 1,8-Liter-Aggregat geordert werden kann.

In seiner stärksten Motorisierung ist der Lancer-Fließheck mit permanentem Allradantrieb, Mitteldifferential und Viscokupplung ausgerüstet.

Die Krönung des Programms

Diamante – so heißt die vorläufige Krönung der Mitsubishi-Automobil-Palette. Zunächst nur in Japan und in den Vereinigten Staaten angeboten, soll die Luxus-Limousine mit enger technischer Verwandtschaft zum Hochgeschwindigkeit-Forschungsfahrzeug HSR den Weg in die Zukunft des Automobils weisen. Unter der eleganten Karosserieform steckt das von Mitsubishi lange erprobte und ausgereifte Antriebskonzept. Die Kraft des etwa 250 PS starken Dreiliter-V6-Triebwerks mit 24 Ventilen wird permanent auf alle vier Räder verteilt. Ein automatisch sperrendes Zentraldifferential verhindert Traktionsverlust beim Beschleunigen oder in kniffligen Verkehrssituationen. Innenbelüftete Scheibenbremsen vorne und hinten sorgen in Verbindung mit einem Antiblockiersystem der jüngsten Generation für eine sichere und spurtreue Verzögerung.

Alle Räder sind an Doppelquerlenkern und McPherson-Federbeinen aufgehängt. Im Fall der Fälle schützt ein serienmäßiger Airbag den Fahrer weitgehend vor Verletzungen. Den positiven Fahreindruck unterstützt eine neuartige Servolenkung mit progressiver Verhärtungsrate. Bei niedrigen Geschwindigkeiten wirkt die Servounterstützung vollständig, bei zunehmendem Tempo schaltet das Servoaggregat ab, um dem Fahrer das Gefühl für die Straße zu erhalten. Der zunehmenden Verkehrsdichte trägt Mitsubishi mit einem automatischen Vierganggetriebe Rechnung. Der Diamante soll seinen Passagieren die Fortbewegung so einfach, komfortabel und sicher wie möglich machen.

Besonders bei der Innenraumgestaltung haben sich die Mitsubishi-Designer ins Zeug gelegt: Armaturenverkleidungen aus edlen Hölzern, lederbezogene Sitzpolster und einzeln verstellbare Sitze vorne und hinten vermitteln wahren Oberklassen-Komfort. Der Mitsubishi Diamante bekommt außerdem serienmäßig die Vorbereitung für ein Autotelefon, in Japan wie Amerika, aber auch in Europa ein immer öfters geforderter Ausrüstungsstandard.

Sproß der Sportler

Die Tradition der Sportwagen mit den Drei Diamanten am Bug reicht bis in die Gründungsjahre der Mitshubishi Motors Corporation zurück. Was mit Sportwagen wie Celeste und Lancer Turbo begann, von Rennern wie dem Starion oder Eclipse weitergeführt wurde, blüht nun in Form eines Renners mit dem schlichten Namen Mitsubishi HSX. Die »Flunder« aus Japan basiert ebenfalls auf der technischen Entwicklung des Forschungsfahrzeugs HSR II, bringt hervorragende aerodynamische Eigenschaften mit und vereint so jegliche Entwicklungserfolge der automobilen Hochtechnologie bei Mitsubishi. Die Liste der mechanischen und elektronischen Ausstattung liest sich fast wie der Wunschzettel eines High-Tech-Fans: Permanenter Allradantrieb, Allradlenkung, Einzelradaufhängung, Antiblockiersystem, elektronisch geregelte Fahrwerksabstimmung, Vierventiltechnik, Doppel-Ladeluftkühler, Turbolader – der zweisitzige HSX ist die Wucht auf Rädern.

Die Motorleistung kommt dabei nicht zu kurz. Auch unter seiner Haube arbeitet der ultraleichte V6-Dreiliter-Vierventiler, der dank Aufladung und zusätzlicher Kühlung der zu verdichtenden Luft auf gut 300 PS kommt. Um dem sportlichen Anspruch gerecht zu werden, wählten die Mitsubishi-Ingenieure ein Fünfgang-Getriebe für den HSX. Riesige 16 Zoll Scheibenbremsen (hinten messen sie immer noch 15 Zoll) verzögern das »Geschoß«, die Größe der Magnesium-Räder reicht mit 17 Zoll kaum über den Radius der mächtigen, innenblüfteten Scheibenbremsen hinaus. Auf die Straße wird die Kraft von Reifen der Größe 245/50 übertragen.

Für den Innenraum war den Mitsubishi-Stylisten das feinste Leder gerade gut genug. Die Sitze sind zudem elektrisch in vielen Ebenen ebenso wie das lederbezogene Lenkrad auf die Bedürfnisse der HSX-Fahrer anpaßbar. Als Nachfolger des Starion geht der HSX so bestens gerüstet an den Start. Mit diesen Leistungen dürfte es ihm nicht schwerfallen, der Konkurrenz souverän das Heck zu zeigen.

Genuß, Gelände, Geselligkeit

Neben den Entwicklungszielen für Automobile in der Oberklasse und in sportlichen Bereichen spielt das Freizeitauto in Zukunft eine immer wichtigere Rolle. In Japan wie anderswo wächst die frei zur Verfügung stehende Zeit und für diese speziellen Bedürfnisse werden besondere Fahrzeuge verlangt. Mitsubishi hat hierfür den RVR entwickelt, ein vierradgetriebenes, geländegängiges Fahrzeug, das aufgrund seiner außergerwöhnlichen Form bei seinem ersten Auftritt in der Öffentlichkeit für Furore sorgte. Die Optik des Spaßautos ist wirklich atemberaubend. Der RVR hat die Form eines Gelände-Roadsters und kann bei günstiger Witterung wie ein Cabrio offen gefahren werden. Außerdem läßt sich die Windschutzscheibe nach vorne umklappen, ein pures Frischluftvergnügen ist die Folge. Vor plötzlichen Regenschauern muß sich der RVR-Fahrer nicht fürchten. Die Armaturentafel ist wasserdicht, alle Verkleidungsmaterialien und Sitzbezüge wasserresistent und waschbar. Auch die leistungsstarke Cassettenradioanlage kann von noch so heftigen Wassergüssen nicht außer Betrieb gesetzt werden.

Dank seines außergewöhnlich kurzen Radstandes von 2300 Millimeter bei einer Gesamtlänge von nur drei Metern ist der RVR sehr wendig. Der 2 + 2-Sitzer – die hinteren beiden Plätze sind wie Schalen in die Heckverkleidung des Passagierraumes integriert – bietet seinen Insassen sichern und komfortablen Fahrspaß auf befestigten Wegen ebenso wie im Gelände.

Für flottes Vorankommen sorgt beim RVR ein 1,8-Liter-Vierzylindermotor. Vierventiltechnik verleiht ihm etwa 130 PS – eine Leistung, die dem Freizeitauto zu akzeptablen Fahrleistungen verhilft. Der RVR wird als zukunftsweisende Entwicklung angesehen, die den ständig steigenden Verkehrsbelastungen entgegen wirken könnte. Das Auto – diesmal nicht unbedingt als Fortbewegungsmittel konzipiert – könnte im nächsten Jahrtausend zum reinen Hobby und Naturerlebnis werden.

Tea for Two

Leisure Cars – Freizeitfahrzeuge, diese Bezeichnung gewinnt in Japan immer schneller an Bedeutung. Camping wie es in Europa bekannt ist, gibt es im Fernen Osten nicht. Dort spielt die Kurzerholung mit Ausflügen an das überall schnell erreichbare Meer oder in die Berge eine immer wichtigere Rolle. Und hierfür müssen geeignete Fahrzeug-Konzepte entwickelt werden, zumal die Kurzerholung mit autarken, komfortablen Automobilen auch in Europa immer mehr an Bedeutung gewinnt. Mitsubishi hat für diese Bedürfnisse ein ganz besonderes, bislang einzigartiges Konzept entwickelt. Der Minica Toppo Compoza soll das Allzweckauto für zwei aktive Wochenend-Ausflügler werden. Als Basisfahrzeug dient die Kastenwagenversion des in Japan populären Mitsubishi Minica.

Aufsehenerregend ist vor allem die Dachkonstruktion des Compoza. Wie eine Muschel verschließen zwei Kunststoffschalen das variable Innenleben: Mittels zweier Gasdruckheber kann die obere Schale nach oben gefahren werden, sie gibt dann eine etwa 120 Zentimeter breite, 1,9 Meter lange Liegefläche frei. Wer sich dort oben sonnen möchte, kann das Dach über das Heck herunterklappen, bei Regen schützt die Schale vor dem Naßwerden. Sogar übernachten läßt es sich auf dem Dach des Compoza. Eine Zeltleinwand – mit einem Keder an der oberen Schale befestigt, macht aus dem Mitsubishi Freizeitfahrzeug fast ein kleines Reisemobil.

Vier Sitzplätze bietet der Compoza, hinter der Rückbank bleibt immer noch genügend Platz, um allerlei Freizeitgeräte wie Campingmöbel, Sportausrüstung und ähnliches zu verstauen. Als Antrieb wählten die Mitsubishi-Ingenieure einen bewährten und sparsamen 550-Kubikzentimeter-Motor, dessen drei Zylinder mit jeweils fünf Ventilen bestückt sind. Eine Dreigang-Automatik übernimmt die lästige Schaltarbeit – schließlich ist der Compoza für die Freizeit und nicht fürs Arbeiten konzipiert –, und der permanente Allradantrieb erlaubt die Zufahrt zu hübschen Plätzchen, die für zweiradgetriebene Ausflügler unzugänglich bleiben.

Technik-Forum

Vier-Rad-Lenkung

Bei herkömmlichen Zweirad-Lenksystemen kann eine Verzögerung zwischen Lenkeinschlag und Fahrzeugreaktion entstehen. Diese Verzögerung vergrößert sich mit zunehmender Fahrgeschwindigkeit und plötzlichem Lenkeinschlag. Bewegungsänderungen des Fahrzeugs in Beziehung zum Einschlagwinkel nehmen ebenfalls bei steigenden Fahrgeschwindigkeiten zu. Dies ist einer der Gründe, weshalb in Verbindung mit dem Allradantrieb eine neue Lenktechnik angewendet wird, die besonders für höhere Fahrgeschwindigkeiten und plötzlichen Lenkeinschlag in Gefahrensituationen ausgelegt ist. Dem Fahrer wird die Möglichkeit gegeben, Vorder- und Hinterräder in Übereinstimmung zueinander zu lenken, wodurch ein verbessertes Lenkverhalten und mehr Fahrstabilität – insbesondere bei Kurvenfahrt und Fahrspurwechsel – gewährleistet sind.

Das System ermöglicht ein gleichzeitiges Lenken der Vorder- und Hinterräder in Abstimmung zueinander unter Berücksichtigung der Fahrzeuggeschwindigkeit und des Kraftaufwandes am Lenkrad. Dadurch wird die Zeit, mit der das Fahrzeug auf den Lenkeinschlag reagiert, verkürzt und die Fahrstabilität bei mittleren und hohen Fahrgeschwindigkeiten verbessert.

Der Druck-Zylinder ist mit den Spurstangen der Hinterradaufhängung verbunden. Er wird durch den von der Ölpumpe erzeugten Druck gesteuert. Die Ölpumpe wird vom Differential angetrieben und arbeitet somit geschwindigkeitsabhängig. Die Arbeitsweise des Druck-Zylinders ermöglicht die Lenkung der Hinterräder in Übereinstimmung mit dem Einschlagen der Vorderräder. Hieraus resultiert ein Vierrad-Lenksystem, das durch Fahrgeschwindigkeit und den auf die Vorderräder wirkenden Lenkradeinschlag aktiviert wird.

1. Die Bauteile ①–⑤ gehören zu einem herkömmlichen, hydraulisch unterstützten Lenkgetriebe.

2. Die Bauteile ⑥–⑫ gehören zu dem Hinterrad-Lenksystem.

Bauteil ④ wird in beiden Systemen verwendet.

3. Bei Einschlagen des Lenkrades nach links wird in der linken Druckkammer des Lenkgetrie-

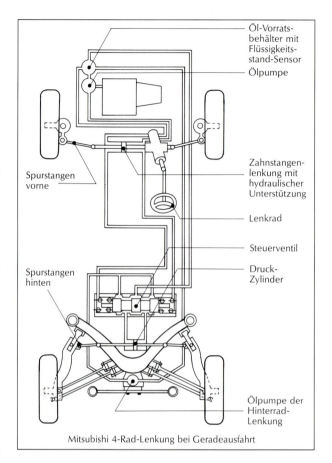

Mitsubishi 4-Rad-Lenkung bei Geradeausfahrt

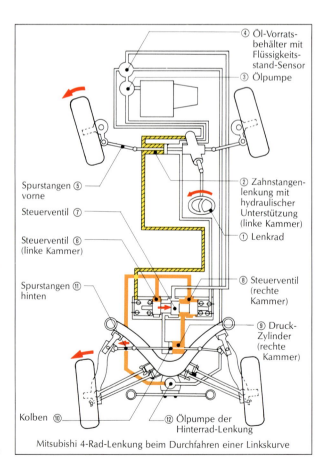

Mitsubishi 4-Rad-Lenkung beim Durchfahren einer Linkskurve

bes ein hydraulischer Druck in Abhängigkeit der Lenkkraft erzeugt.

4. Die linke und rechte Druckkammer des Lenkgetriebes ② sind mit dem Steuerventil ① durch zwei getrennte Leitungen verbunden, deshalb wird die linke Druckkammer des Steuerventils mit dem gleichen Druck wie unter ③ beaufschlagt. Der Steuerschieber im Inneren des Ventils ⑦ wird durch den Druck so lange nach rechts bewegt, bis die Spannung der zusammengepreßten Ventilfeder den hydraulischen Druck ausgleicht.

5. Die Ölpumpe der Hinterradlenkung ⑫ fördert Öl in Abhängigkeit von der Drehzahl der Hinterräder (also der Fahrgeschwindigkeit).

6. Dadurch wird im Steuerventil ⑦ ein hydraulischer Druck (p) erzeugt, der von der geförderten Ölmenge (oder Drehzahl der Hinterräder) und der Bewegung des Steuerschiebers (oder dem Hydraulikdruck im Lenkgetriebe) abhängig ist.

7. Die linke und rechte Kammer des Druck-Zylinders ⑨ sind mit dem Steuerventil ⑦ durch zwei getrennte Leitungen verbunden. Aus diesem Grund baut sich in der rechten Kammer des Druck-Zylinders ⑨ der gleiche Druck (p) auf.

8. Im Druck-Zylinder ⑧ entsteht dadurch eine Kraft (F), die sich aus der Kolbenfläche (A) multipliziert mit dem Druck (p) errechnet (F = p x A).

9. Der elastische Drehpunkt im Längslenker der Hinterradaufhängung hat die Federrate (c) und erzeugt die Kraft F = c x s in Abhängigkeit des Verschiebeweges (s).

10. Daraus resultierend bewegt sich das Zwischengelenk so lange nach links, bis sich die Kraft (F) – bewirkt durch den Druck-Zylinder ⑨ und die Gummispannung im elastischen Drehpunkt des Längslenkers sich das Gleichgewicht halten.

11. Da die Hinterräder an den Längslenkern befestigt sind, werden sie in Abhängigkeit von der Bewegung im elastischen Drehpunkt gelenkt.

Vorteile und besondere Merkmale

• Das Hinterrad-Lenksystem gewährleistet – durch die Fahrgeschwindigkeit aktiviert – eine verbesserte Lenkreaktion und Fahrstabilität bei höheren Fahrgeschwindigkeiten, ohne die Manövrierfähigkeit bei langsamer Fahrt zu beeinflussen.

• Das Hinterrad-Lenksystem, durch den Einschlag der Vorderräder aktiviert, gewährleistet geringstmögliche Verzögerung der Richtungsänderung, wenn schnelle Einschläge in Gefahrensituationen bei mittleren und höheren Fahrgeschwindigkeiten nötig sind, und bewirkt eine sofortige Richtungsstabilität nach Beendigung der Lenkbewegungen.

• Durch die Nutzbarmachung des Hydraulikdrucks ist das System einfach und betriebssicher. Es ist so konstruiert, daß es in eine herkömmliche Hinterradaufhängung eingefügt werden kann. Die Aufhängung bleibt voll funktionsfähig, falls das Lenksystem ausfallen sollte.

• Der maximale Hinterradlenkwinkel beträgt 1,5 Grad analog zu den Vorderrädern. Daher treten keine negativen Auswirkungen beim Ausparken und in bezug auf die Stabilität des Zugfahrzeuges beim Anhängerbetrieb auf.

Sicherheitsvorkehrungen bei Systemdefekten

Mögliche Systemdefekte:
1. Hydrauliksystem der Vorderradlenkung defekt
2. Hydrauliksystem der Hinterradlenkung defekt
3. Beide Systeme 1 und 2 defekt

Zu 1: Bei einer Störung fallen das Hinterrad-Lenksystem und die Servowirkung an der Vor-

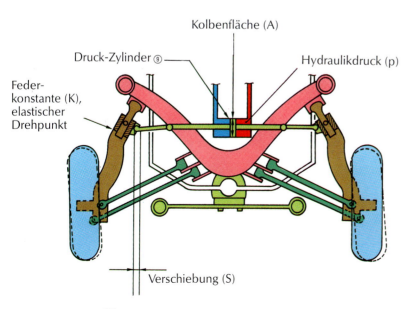

derradlenkung aus. Die Funktionsfähigkeit der mechanischen Vorderradlenkung bleibt erhalten.

Zu 2: Bei einer Störung bleibt die Lenkfähigkeit der Vorderräder erhalten. Fällt das Hydrauliksystem z.B. durch hohen Ölverlust aus, bleibt die Funktion der Hinterradaufhängung erhalten, weil durch Hinzufügen der Vierradlenkungs-Bauteile die Konstruktion und Funktion der Hinterradaufhängung als normales Fahrzeugbauteil nicht beeinträchtigt wurde. Rückstellfedern im Druckzylinder des Hinterrad-Lenksystems gewährleisten die Geradeausstellung der Hinterradlenkung, falls das System während eines Lenkvorganges ausfällt.

Zu 3: Siehe unter 1.

Der Flüssigkeitsstand-Sensor im Ölvorratsbehälter zeigt dem Fahrer einen zu niedrigen Ölstand durch Aufleuchten einer Warnlampe am Instrumentenbrett an.

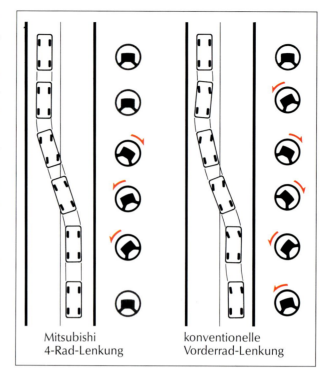

Fahrverhalten bei Fahrbahnwechsel

Das vom Lenkaufwand für die Vorderräder abhängige Hinterrad-Lenksystem führt zu einer unverzögerten Lenkbewegung des Fahrzeuges, so daß Fahrbahnwechsel rascher und sicherer durchgeführt werden können. Außerdem wird ein Ausbrechen des Hecks minimiert, wodurch zusätzliche Lenkkorrekturen entfallen. Dadurch kann sich der Fahrer ganz auf den Verkehrsablauf konzentrieren, ohne Fahrzeugreaktionen korrigieren zu müssen.

Fahrverhalten beim Durchfahren von Kurven

Die Beeinflussung des Hinterrad-Einschlagwinkels durch den Lenkwinkel der Vorderräder ermöglicht ein günstigeres Kurvenverhalten. Das Durchfahren von Kurven, besonders bei höheren Geschwindigkeiten, wird sicherer und anstrengungsloser.

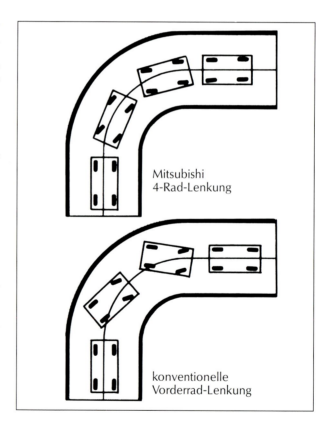

Zahnstangenlenkung

Das Lenkgetriebe hat eine hydraulische Unterstützung und entspricht im wesentlichen der Normalausführung im Galant mit der einen Ausnahme, daß es über zusätzliche Öldruckleitungen verfügt, die zum Hinterrad-Lenksystem führen.

Das Übersetzungsverhältnis der Lenkung ist niedrig gehalten (mittlere Gesamtübersetzung 13,2 : 1), um einen schnellen Lenkeinschlag zu ermöglichen.

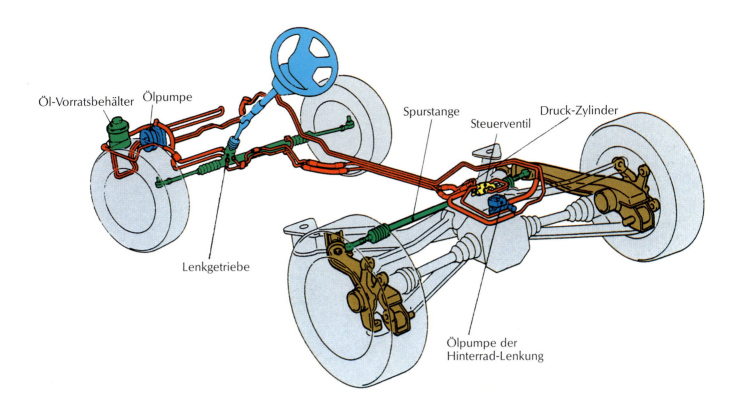

Ölpumpe der Hinterrad-Lenkung

Die Konstruktion der Ölpumpe der Hinterrad-Lenkung entspricht der der Ölpumpe der Zahnstangenlenkung. Sie wird über ein im Differentialgehäuse sitzendes Zahnrad angetrieben, dies ergibt eine von der Drehzahl der Hinterräder abhängige Ölförderung. Es handelt sich um eine Flügelpumpe. Bei Drehung des Rotors gleiten die Flügel – bedingt durch die Zentrifugalkraft – entlang dem inneren Gehäuserand und bewirken die Ölförderung. Das System ist so ausgelegt, daß diese erst bei einer Fahrgeschwindigkeit von 50 km/h beginnt. Ein Mitlenken der Hinterräder bei geringeren Geschwindigkeiten ist deshalb nicht möglich.

Elektronik-Fahrwerk

Das Elektronik-Fahrwerk des Mitsubishi Galant reagiert aktiv auf die jeweilige Fahrbahnbeschaffenheit und die Beeinflussung durch den Fahrer. Besondere Beachtung wurde auf die Bodenhaftung der Reifen gelegt. Eine gleichmäßige Auflage der Reifen in allen Geschwindigkeitsbereichen, bei Kurvenfahrten, beim Anfahren und Bremsen, ist entscheidend für die Fahrstabilität, Sicherheit und den Komfort eines Fahrzeugs. Ziel bei der Entwicklung des aktiven ECS-Fahrwerks für den neuen Galant war daher, das Fahrzeug möglichst in allen Fahrzuständen auf gleichem Niveau parallel zur Fahrbahn zu halten. Um ungewollte Karosseriebewegungen um die Quer-, Längs- und Hochachse zu verhindern, verfügt das ECS-Fahrwerk über mehrere aktive Funktionen: So werden Nickbewegungen (Eintauchen des Vorderwagens) beim Bremsen (Eintauchen des Hinterwagens) beim Beschleunigen, Wankbewegung um die Längsachse bei Kurvenfahrten (Karosserieneigung) und Hub-Schwingungen auf unebener Strecke (Auf- und Abbewegungen) automatisch ausgeglichen. Dies geschieht durch eine Kombination aus pneumatischer Niveauregulierung und aktiver Dämpfungsbeeinflussung.

Die pneumatische Niveauregulierung nimmt vor allem auf die sogenannten Wank- und Nickbewegungen des Fahrzeuges Einfluß. Um beispielsweise das Eintauchen des Vorderwagens beim Bremsen zu verhindern, wird Druckluft in die Luftkammer der vorderen Federbeine gepumpt. Gleichzeitig entnimmt die elektronische Steuerung Luft aus den hinteren Luftkammern der Federbeine, um das Fahrzeug dort abzusenken, so daß der Eintaucheffekt beim Bremsen verringert wurde. Ähnlich funktioniert das System bei Kurvenfahrten. Seitliche Karosserieneigungen werden durch Zufuhr bzw. Entnahme von Druckluft aus den linken oder rechten Federbeinen verhindert – das Fahrzeug liegt nahezu parallel zur Fahrbahn. Dieser Steuerungsvorgang paßt sich automatisch der jeweiligen Geschwindigkeit und Querbeschleunigung an und ist auch auf die jeweils vorgewählte Fahrstufe Sport, Auto oder Soft abgestimmt.

Ohne Beeinflussung durch den Fahrer verändert der Computer die Dämpfung des Fahrzeugs vom Komfortbereich in eine sportlich straffere Abstimmung, wenn es der Straßenzustand, starke Lenkeinschläge, Brems- oder Beschleunigungsvorgänge erfordern. Hierfür sorgen sieben Sensoren, die bereits bei der pneumatischen Niveauregulierung aktiv werden. Bei einer Vollbremsung beispielsweise werden fünf der sieben Sensoren in Bruchteilen einer Sekunde aktiviert: zuerst der Drosselklappensensor – wenn der Fahrer den Fuß vom Gas nimmt, dann der Bremslichtsensor, vorderer und hinterer Höhensensor und schließlich der Geschwindigkeitssensor.

Um die Dämpfungscharakteristik des Fahrwerks zu beeinflussen, hat der Fahrer die Möglichkeit, per Knopfdruck in der Bedienungskonsole manuell den gewünschten Federungskomfort zu wählen. Hierzu stehen ihm drei Stufen zur Verfügung:

In der Stufe »Soft« ist das Fahrwerk des Galant bis 130 km/h betont komfortabel abgestimmt. Jenseits dieses Geschwindigkeitsbreichs wählt der Computer automatisch den etwas härteren Dämpfungsbereich »Medium«.

Wählt der Fahrer die Stufe »Auto«, dann wechselt der Computer bereits ab 100 km/h in »Medium«.

Als dritte Wahlmöglichkeit kann der Fahrer in der Stufe »Sport« seinem Fahrzeug im ganzen Geschwindigkeitsbereich, von Null bis zur Höchstgeschwindigkeit, eine sportliche Dämpfungscharakteristik geben.

Funktion

Der Computer wertet die von sieben Sensoren angegebenen Kräfte auf die Längs-, Quer- und Hochachse aus und leitet die entsprechenden Befehle zur pneumatischen Niveauregulierung und Dämpfungsbeeinflussung.

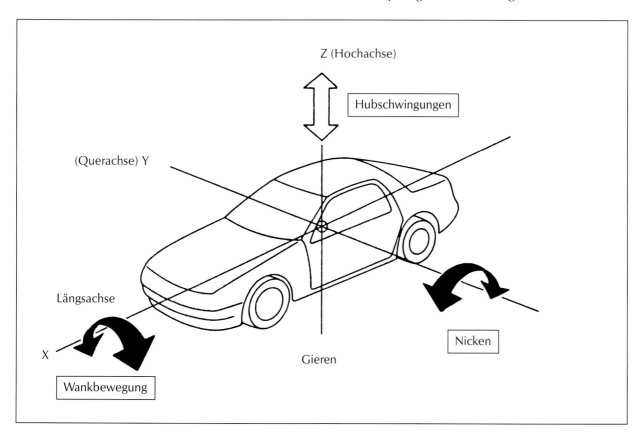

Sieben Sensoren regeln bei Fahrbahnbeschaffenheit, Fahrzustand und Kurvenfahrt das Elektronik-Fahrwerk

Vorderer Höhensensor	G-Sensor	Drosselklappen-Sensor	Geschw.-Sensor	Lenkrad-Sensor	Bremslicht-Schalter	Hinterer Höhensensor
pneumatische Regelung						
Wankbewegung Vertikalbewegung Höhenveränderung	Wankbewegung	Nickbewegung	Wankbewegung Nickbewegung Vertikalbewegung Höhenveränderung	Wankbewegung	Nickbewegung	Wankbewegung Vertikalbewegung Höhenveränderung
4-Stufen-Dämpfungsregelung						
Wankbewegung	Wankbewegung	Nickbewegung	Wankbewegung Nickbewegung	Wankbewegung	Nickbewegung	Wankbewegung

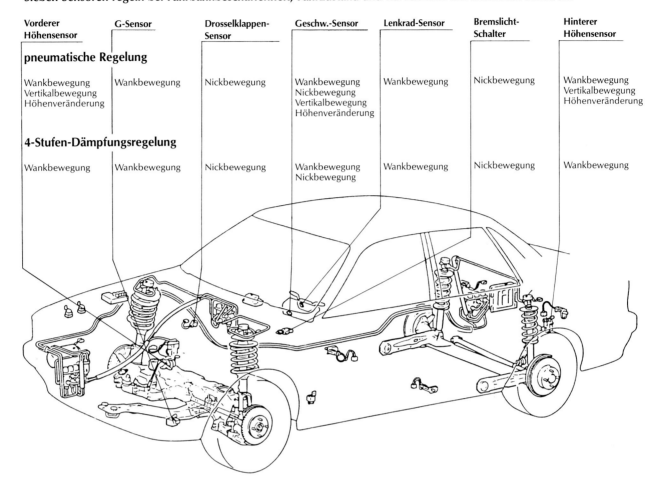

Funktionen des Elektronik-Fahrwerks

Automatische Funktionen (Aktiv)

• Niveau-Regulierung unabhängig vom jeweiligen Beladungszustand
• Erhöhte Fahrstabilität und verbesserte Aerodynamik durch automatisches Absenken der Karosserie vorn um 20 mm bei Geschwindigkeiten ab 120 km/h
• Bessere Ausleuchtung der Fahrbahn durch Absenken des Hecks um 20 mm bei Fahren mit Licht
• Reduzierung der Nickbewegung des Vorderwagens beim Abbremsen
• Reduzierte Nickbewegung des Hinterwagens beim Anfahren
• Komfortanpassung in Abhängigkeit der Fahrzeuggeschwindigkeit, Fahrbahnbeschaffenheit und Fahrzustand
• Reduzierung der Wankneigung der Karosserie bei Kurvenfahrt
• Erhöhter Fahrkomfort bei starken Fahrbahnunebenheiten durch Anheben der Karosserie um 30 mm bei Geschwindigkeiten bis 60 km/h

Manuelle Funktionen (vom Fahrer)

• Programmierbare Umschaltung von »Auto« auf »Sport« zwischen 50 km/h und Endgeschwindigkeit
• Fahrzeuganhebung um 50 mm bis 10 km/h bei Hindernissen, Radwechsel und Schneekettenmontage
• Fahrzeuganhebung um 30 mm bis 60 km/h
• Wahlweise Umschaltung auf die Bereiche »Soft«, »Auto« und »Sport« mit Einfluß auf die Dämpfungscharakteristik, je nach Fahrzeuggeschwindigkeit

Spielplatz für Erfinder

Trotz des großen Gelächters, das regelmäßig auf den Parkplätzen vor dem Entwicklungszentrum von Mitsubishi Motors in Okazaki erschallt, geht es dort um eine sehr ernst zu nehmende Veranstaltung. Der »Mitsubishi Motors Idea Grand Prix« ist der Spielplatz für Erfinder. Im Frühjahr treffen sich dort die – meistens – jungen Konstrukteure und Techniker der verschiedenen Entwicklungszentren und führen sich gegenseitig ihre Erfindungen vor. Ein Lastwagen, der dank seiner variablen Länge auch in einer Kleinwagen-Parklücke Platz hat, solarstrombetriebene Rollschuhe, ein Geländeauto, das trotz Steigung oder Gefälle seine Passagiersitze ständig in der Waagerechten hält, all diese mehr oder weniger verrückten Erfindungen werden vor den Augen Zehntausender in Okazaki stolz präsentiert. Doch nicht alle Gäste kommen aus Neugier oder zur Unterhaltung zu diesem Spektakel. Unter den Besuchern findet man regelmäßig Führungskräfte von Mitsubishi Motors, die den Vorführungen aufmerksam zusehen. Denn nicht alle Erfindungen sind nur zum reinen Vergnügen da, einige geben Denkansätze für zukünftige, professionelle Entwicklungen. So stand vor Jahren ein Minica – so heißt der nur im östlichen Teil der Welt vertriebene Kleinwagen von Mitsubishi – im Mittelpunkt des Interesses, der dank seiner vier gelenkten Räder auf der Stelle drehen konnte.

Neben den Produktionshallen des Werkes Okazaki ist das »Passenger Car Engineering Center« angesiedelt.

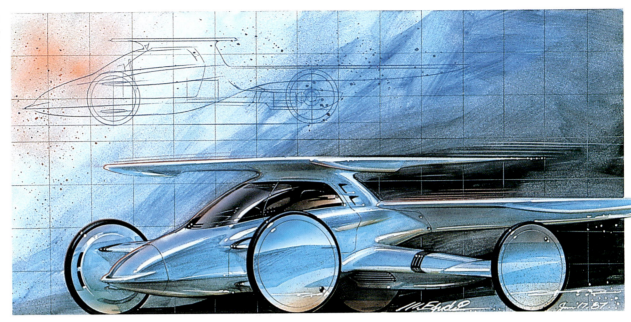

Im »Ideen-Grand-Prix« von Mitsubishi spielten Solarmobile schon seit langem eine wichtige Rolle.

1987 wurde die Idee Wirklichkeit, und ein Mitsubishi-Team beteiligte sich mit dem »Sonnenrenner« erfolgreich an einer Wettfahrt in Australien.

Auf den »Idea Grand Prix« der vergangenen Jahre zog sich das Thema Solarantrieb wie ein roter Faden durch die Wettbewerbe. Auf der Suche nach Alternativen zum Erdöl als Kraftstoff für Automobile stoßen die Erfinder immer wieder auf die Sonnenwärme als kostenlose und nahezu unerschöpflich verfügbare Energiequelle. Im April 1987 wurde während des Ideen-Wettbewerbs die »Solar Mirage« der Öffentlichkeit vorgestellt, Mitsubishis erstes effizientes Solarmobil. Dieses Fahrzeug war die Basis für einen »Sonnenrenner«, der im November des gleichen Jahres am ersten Rennen für Solarautomobile mit weltweiter Beteiligung in Australien an den Start ging. Das 390 Kilogramm schwere Gefährt war mit ingesamt 990 Watt starken Solarmodulen ausgerüstet und erreichte eine Höchstgeschwindigkeit von immerhin 65 Kilometer in der Stunde.

Die ultraleichte Karbon-Karosserie rollte auf hauchdünnen Titan-Rädern, die wiederum mittels Bremsscheiben und Belägen aus hochfestem Kevlar verzögert wurden. Am 1. November traf sich die gesamte Weltelite am Start im australischen Darwin, fast alle namhaften Automobilhersteller stellten sich der technischen Herausforderung. Die Solar Mirage von Mitsubishi legte die 3000 Kilometer lange Strecke nach Adelaide innerhalb des Zeitlimits problemlos zurück, ließ zahlreiche Konkurrenten weit hinter sich, denen der »Saft« ausgegangen war, und erreichte einen einfach sehr respektablen neunten Platz.

Modernste Industrieroboter bestimmen weitgehend das Bild an den Fließbändern.

Kraft und Kreativität aus der Harmonie der Natur

Für Designer sind die Zeiten schwer. Der freien Entfaltung der Kreativität stehen eine Vielzahl von konstruktionsbedingten Einschränkungen im Wege. Die Optik muß stimmen, aber der Luftwiderstand darf nicht zu hoch sein. Ein flacher Bug verleiht der Karosserielinie dynamischen Ausdruck, aber schließlich braucht auch der Motor seinen Platz. Zudem soll das Auto ein markentypisches Gesicht bekommen, um sich von anderen zu unterscheiden; die Gesetze der Physik aber gelten für alle Hersteller. Die Unterscheidungen zwischen Automobilen einer Klasse fallen immer schwerer. Die Designer von Mitsubishi haben es geschafft, um die Drei Diamanten herum Fahrzeuge mit einer eigenständigen Erscheinung zu gestalten. Vier Grundsätze werden bei allen Arbeiten im Design-Bereich berücksichtigt und bilden gewissermaßen die Firmenphilosophie, die hinter jeder Entwicklung von Mitsubishi Motors steht:

– kreativer Geist,
– charakteristische und ansprechende Formen,
– Bedienerfreundlichkeit und
– der Einsatz aller verfügbaren Mittel aus anderen Bereichen der Mitsubishi-Gruppe.

Jedes zu entwickelnde Modell wird als etwas völlig Neues und Originelles betrachtet und nicht etwa als Kopie oder Ummodellierung anderer Wagen. »Wir dürfen uns nicht damit begnügen, den Trends anderer Automobilhersteller zu folgen, sondern müssen mit eigenen Ideen den Wettbewerb überflügeln«, heißt es in einem Rundschreiben an die Führungskräfte von Mitsubishi Motors.

»Die Schönheit der Dinge gibt es im Geist, der diese erblickt«, sagte der schottische Philosoph David Hume schon vor gut zwei Jahrhunderten. Hume ist hierzulande nicht sonderlich bekannt, in Japan dagegen wird er oft zitiert. Der tief in der japanischen Kultur verwurzelte Sinn für Schönheit schafft die Grundlage für die Gestaltung harmonischer Formen, ausgewogener Proportionen. Zudem sind Japaner eng mit der Natur ver-

Zum weiten Weg bis zur Serienreife eines Modells gehört auch das Herantasten an seine endgültige äußere Form. Im Fall des Mitsubishi Colt von 1988 waren gleich drei verschiedene Designer-Gruppen – in Japan, Italien und den USA – auf der Suche nach der besten Lösung.

bunden. Bei einem Spaziergang durch einen der berühmten japanischen Gärten blieb ein Mitsubishi-Designer plötzlich stehen und blickte wie gebannt auf eine kunstvoll angeordnete Felsgruppe zwischen einer grünen Hecke und einem kleinen Weiher mit dunklem Wasser. »Das ist die Form des Galant«, sagte er leise zu seinem europäischen Begleiter, dem es die Höflichkeit verbot, über diese Bemerkung in Lachen auszubrechen. Die Felsen hatten eher mit einer Elefantenkuh Ähnlichkeit als mit den schmucken Formen des Galant – mit westlichen Augen betrachtet jedenfalls. Ein Japaner versteht unter Formen etwas völlig anderes als ein Europäer. Was in der Alten Welt ausschließlich von vorne, von hinten oder von der Seite betrachtet wird, versucht der Stylist aus Tokio zusätzlich mit den Augen zu durchdringen. Auch die Verteilung der Massen, einzelne Strukturen und sogar der Eindruck von Wärme sind für das Empfinden von Schönheit bedeutungsvoll. Die Ruhe der berühmten japanischen Gärten, die von den Meistern ihres Faches als Landschaftsdichtung in Anlehnung an Musik oder Malerei verstanden wird, symbolisiert die Sehnsucht nach dem Paradies. Mitsubishi – so versichern die Konstrukteure mit glänzenden Augen – möchte die grundlegende Schönheit und Harmonie der Natur und das Gefühl von Wärme auch in Automobilen verwirklichen.

Der dritte Aspekt der Firmenphilosophie ist die Bedienungsfreundlichkeit – das »Easydrive«. Wenn ein Automobil durch seine Form besticht, jedoch schwer zu bedienen ist, hat es seinen Zweck verfehlt. Die vierte Forderung nach dem Einsatz aller Mittel, kann innerhalb der weitverzweigten Mitsubishi-Firmengruppe leicht erfüllt werden. Schließlich gehören die Unternehmen in ihren jeweiligen Branchen zu den am weitesten entwickelten Herstellern der Welt, so etwa in den Bereichen Glas-, Polymer-, Werkstoff-, Elektronik- und Energie-Forschung.

Der Zeitgeist steckt im Blech

1988 war für Mitsubishi Motors in allen Teilen der Welt ein Jahr des Aufbruchs. Lange Zeit galten in Japan produzierte Automobile als zuverlässig und solide. Die Motoren waren ausgereift, die Technik auf dem neuesten Stand der Entwicklung; dies hatten die Auswertungen verschiedener Statistiken zur Genüge bewiesen. Ein letzter Schritt zur Vollendung eines zeitgemäßen Fahrzeugs fehlte letztlich dennoch: Bisher hatten Automobilhersteller in Europa im Bereich Design und Styling die Nase millimeterweit vorn. Dieses Manko sollte nun jedoch aufgeholt werden, das stand als eines der wichtigsten Ziele über den Entwicklungskonzepten der jüngsten Produkte von Mitsubishi Motors. Wie bereits erwähnt – die Menschen im Fernen Osten haben ein völlig anderes Bewußtsein gegenüber der Natur als die Europäer. Die neuen Autos sollten dynamisch und voller Harmonie sein, so beschrieben es die Arbeitshefte der Planer. »Unser Ideal ist der Lauf einer Wildkatze«, sagt einer der japanischen Designer, »wenn wir ein neues Produkt mit dieser ungeheuer ästhetischen Bewegung vergleichen können, haben wir unser Ziel erreicht.« Dabei wird die Natur nicht unterworfen, die Designer in Okazaki sehen sich ebenso wie ihre Entwürfe als ein Teil von ihr. Die Schlußfolgerung aus diesen Design-Philosophien ist deutlich: Automobile sind nicht die Herren, sondern die Diener der Kunden. Der Mensch muß die Maschine beherrschen, nicht umgekehrt.

1988 wurden drei wichtige Mitsubishis – der Galant, der Colt und der Lancer, die bedeutendsten Fahrzeuge in der Produktpalette – auch in Deutschland vorgestellt. »Organisches Design« und »organische Form«, diese Grundsätze konnten mit dem neuen Fahrzeug-Konzept aus Okazaki verwirklicht werden. Völlig neu war auch die Chronologie der Entwicklungsarbeit. Üblicherweise werden Autos von außen nach innen konstruiert. Der Fahrgastraum und der Arbeitsplatz des Fahrers gehören zu den letzten Arbeiten der Designer. Bei Lancer und Colt, wie bereits vorher beim Galant, gingen die Mitsubishi-Stylisten den umgekehrten Weg: Zunächst legten sie fest, was von einer modernen Stufenheck- oder Steilhecklimousine erwartet wird. Drei Argumente wurden als Ziel definiert. Das Platzangebot soll deutlich größer als nur ausreichend sein, das Komfortangebot muß über dem Durchschnitt liegen, und alle funktionellen Bedürfnisse, das heißt, alle ergonomischen Belange der Passagiere müssen vorne wie hinten unter allen Bedingungen zufriedengestellt werden. Diese Forderungen ließen sich nur mit einer breiten und hohen Formgebung erfül-

Die charakteristische Wellenform am Beispiel des Galant.

len. Ein unkomfortables, flaches Erscheinungsbild kann diesen Zielen nicht gerecht werden. Gerade beim Lancer führte die konsequente hohe Ausformung der hinteren Dachkante zu einer außerordentlich großen Kopffreiheit der Passagiere im Fond, die sich durch keine andere gestalterische Maßnahme erreichen läßt.

Reiten auf der Welle

Nichts ist so harmonisch wie die Form einer Welle, sie wird einzig von den Winden geschaffen, wächst und ändert ihre Gestalt abhängig von den »Launen der Luft-Geister«, so schwärmt einer der geistigen Väter der neuen Designlinie bei Mitsubishi. Die Wellenform fließt gleich dreimal durch die Karosserieform der neuen Autos. An beiden Flanken und am Heck schwingt der Stahl in jener sanften Form, die in Japan gleichbedeutend mit perfekter Harmonie ist.

Das Bestreben, natürliche und harmonische Formen zu schaffen, wird freilich nicht allein von Menschenhand unterstützt. Kollege Computer hilft auch in Japan bei der Entwicklung von Design und Konstruktion. Neben den Produktionshallen des Werkes Okazaki ist das »Passenger Car Engeneering Center«, die Wiege aller neuen Mitsubishi-Modelle, angesiedelt. Fast 600 000 Quadratmeter umfaßt der Gebäudekomplex, mehr als 4000 Ingenieure, Wissenschaftler und Techniker arbeiten an der Entwicklung der Prototypen, bringen die Versuchswagen bis zur Serienreife. Neben den unverzichtbaren Hilfsmitteln wie Windkanal, Crash-Anlage, Hochgeschwindigkeitsstrecke, Handlingkurs und Klimakammern haben die Konstrukteure natürlich Zugriff auf die modernsten Großrechenanlagen. Mit Hilfe der unvorstellbar schnellen Computer kann etwa die Karosseriesteifigkeit schon auf dem Bildschirm erprobt werden. Mit diesen Werten läßt sich das Aufprallverhalten eines Automobils theoretisch ermitteln, nehmen Konstruktionsdetails schon in der frühesten Entwicklungsphase Gestalt an. Trotz der hohen Zuverlässigkeit, mit denen die komplizierten Computerprogramme arbeiten, verlassen sich die Ingenieure bei Mitsubishi nicht allein auf rechnerische Werte. Auf Dauerprüfständen und während der praktischen Testfahrten werden die Prototypen auf Herz und Nieren

Naturverbundenheit und Beobachtungsgabe prägen Shinji Yokoyama, einen der Chefdesigner von Mitsubishi. Seine Ästhetik leitet er aus den Formen des Wachstums ab.

Am Zeichenbrett mit seinen Kollegen entstehen die harmonisch-fließenden Formen neuer Modelle.

geprüft, bevor die endgültige Genehmigung zur Serienfertigung kommt.

Leben um zu gestalten

Shinji Yokoyama ist einer der Chef-Designer in Okazaki. Der 51 Jahre alte Lebenskünstler war für die Gestaltung von so erfolgreichen Mitsubishi-Fahrzeugen wie dem Pajero, L 300 und Galant verantwortlich. Er beschreibt die Tätigkeit eines Designers nicht mit den Verfahrensweisen seiner Arbeit im Styling-Studio oder am

Zur langwierigen Entwicklung eines neuen Modells gehören auch unzählige Stunden aerodynamischer Feinarbeit im Windkanal.

Computer. Wichtig sind für ihn die vielen Dinge, die er und seine Kollegen während der freien Zeit unternehmen. Denn nicht im Büro, sondern in der Natur und im Umgang mit anderen Menschen entstehen Ideen. Neben dem täglichen Gespräch und Gedankenaustausch in der Firma schöpft Shinji Kraft für Kreativität aus Begegnungen und Anregungen nach Feierabend. »Wenn ich abends nach Hause gehe, suche ich mir meist noch eine kleine Kneipe aus, in der ich mit Leuten sprechen kann, die tagsüber etwas anderes tun als ich, die keine Fahrzeugkarosserien entwickeln. Während der Gespräche mit meinen Kollegen finden wir zwar immer einen sehr guten Konsens aus unseren verschiedenen Ideen, aber ich habe Angst, daß ich irgendwann wie ein Mönch in meiner eigenen kleinen Welt zu Leben beginne.« Shinji nennt dies »Die Kunst, Menschen zu treffen«.

Neben seinem Haus hat der Mitsubishi-Designer einen kleinen Garten angelegt. Er pflanzt dort verschiedene Gemüsesorten an. »Ich werde vom Wachstumsprozeß fasziniert. Daher verbringe ich viel Zeit, um mit Bauern oder Gärtnern zu sprechen. Mittlerweile weiß ich, daß eine gute Saat die Voraussetzung für eine gute Ernte ist, das ist im Automobil-Design nicht viel anders.«

Das Beschneiden von Bäumen ist in Japan eine Kunst, die in der alten Tradition der Bonsai-Züchtungen gipfelt. Viele Gärtner haben sich auf das Baumschneiden spezialisiert, Shinji hat sich diese Kunst selbst beigebracht: »Das war eine Lehrzeit, die viele Jahre gedauert hat. Für jeden Baum gibt es verschiedene Techniken, um ihm eine individuelle Gestalt zu geben. Man braucht sehr viel Geduld dafür, doch die Ergebnisse belohnen für das lange Warten auf die perfekte Gestalt.«

Viele Designer bei Mitsubishi leben ähnlich wie Shinji Yokoyama und beziehen ihre ästhetischen Werte aus den Erfahrungen, die sie mit den natürlichen Formen des Wachstums und des Lebens machen. Das Gleichgewicht zwischen diesen beiden Bereichen – der Freizeit und der kreativen Arbeit im Entwicklungszentrum des Automobilwerkes – ermöglicht das erfolgreiche Schaffen, fließt in die Harmonie der Formen ein.

Es lebe der Sport

Seit Beginn der Automobilgeschichte übt der Rennsport einen kaum erklärbaren Reiz auf die Menschen aus. Es mag an der einzigartigen Verknüpfung von technischen Meisterleistungen mit menschlicher Körper- und Geisteskraft liegen, daß Automobilrennen mit keiner anderen Sportart vergleichbar sind. Die Arbeit am Lenkrad eines PS-Boliden erfordert beste körperliche Kondition, Charakterstärke und Konzentrationsvermögen, dies ist mittlerweile unumstritten. Aber auch die Leistungen der Ingenieure verdienen Hochachtung. Ob auf schnellen Asphaltkursen oder in der sengenden Gluthitze der afrikanischen Wüstenregionen – Mensch und Material werden bei diesen Wettbewerben bis an ihre Belastungsgrenze, häufig sogar darüber hinaus beansprucht.

Für die Mitsubishi-Konstrukteure ist der Automobilsport seit Beginn der sechziger Jahre eine Herausforderung geworden. In der Zeit, als in erster Linie Nutzfahrzeuge die Werkhallen verließen, waren besonders die Entwicklungsziele Langlebigkeit und Wirtschaftlichkeit gefragt. Mit der Wiederaufnahme der Personenwagenproduktion kamen jedoch neue Forderungen hinzu. Bei Automobilrennen konnten die Fahrzeuge über den ohnehin aufwendigen Testbetrieb hinaus geprüft werden. Der sportliche Einsatz hat für die Entwickler dabei doppelten Nutzen: Zum einen wird die Zuverlässigkeit der Mitsubishi-Automobile eindrucksvoll unter Beweis gestellt, das Material für die Serienproduktion unter härtesten Bedingungen getestet, zum anderen können technische Errungenschaften, die sich im harten Wettkampf bewährt haben, nach und nach auch in der Großserie verwirklicht werden.

Vorhergehende Doppelseite: Start zur »5. Mitsubishi Colt Jackie Chan Trophy« in Macao 1988. Alle Teilnehmer fuhren auf identischen Fahrzeugen vom Typ Colt 1600 Turbo.

Auf Anhieb erfolgreich

Für den Einstieg in den Rennsport 1959 wird ein kleines, wendiges Auto gewählt. Gleich nach der Premiere des Modells 500 geht Mitsubishi mit dem flinken Kleinwagen an den Start. Die gestellte Aufgabe ist nicht leicht zu bewältigen: Der Macao Grand Prix gilt als eine der wichtigsten Motorsportveranstaltungen im asiatischen Raum. Drei Mitsubishi 500 gehen in das Rennen, alle drei erreichen ohne technische Schwierigkeiten das Ziel. Der erfolgreiche Einstieg wird sogar mit einem ersten Platz in der Produktionswagenklasse gekrönt, mehr noch, einer der Mitsubishis stellt einen neuen Rundenrekord auf.

Das Macao-Rennen war zunächst nur als Versuchsfahrt geplant; der unvorhersehbare, wenn auch nicht überraschende Erfolg steigert natürlich die Bemühungen bei Mitsubishi, nun tat-

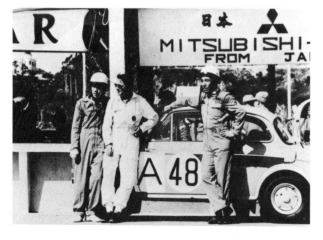

In Macao schon 1962 ganz vorne dabei: Mitsubishi 500.

Auch mit dem Formelrennwagen Colt Formula 2 griff die Marke mit den Drei Diamanten erfolgreich ins Renngeschehen ein.

Die Plätze 1, 2 und 3 belegte Mitsubishi mit dem Lancer 1600 GSR 1976 bei der Safari-Rallye.

Die Tausend-Seen-Rallye beendete der Lancer Turbo 1982 als Dritter der Gesamtwertung.

sächlich zum Dauergast auf den Rennstrecken der Welt zu werden. Vier Jahre später, 1964, startet wiederum ein völlig neues Automobil, um sportliche Weihen zu erlangen. Der neue Colt gewinnt den Klassensieg beim Grand Prix von Malaysia. 1971 überquert ein Formelrennwagen, der Colt Formula II, als erster die Ziellinie bei den Rennen um den großen Preis von Japan und Macao.

Trotz des Erfolges konzentrieren sich die Bemühungen im Rennsport in dieser Zeit fast ausschließlich auf Einsätze in Asien. Die Fahrer in ihren weiß-roten Overalls werden bald zum gewohnten Bild auf dem Siegertreppchen. In Europa, Amerika und Afrika steht die große Zeit der Autos mit den Drei Diamanten am Kühlergrill jedoch erst bevor.

Mit Turbokraft auf den dritten Platz

Bald kommen die Mitsubishis auch in Europa zu rennsportlichen Ehren. Zunächst stärkstes Pferd im Stall ist ein Lancer Turbo, der über die anspruchsvollen Strecken der Tausend-Seen-Rallye in Finnland gejagt wird. Die beiden Fahrer, Pennti Airikkala und Juha Piironen, hetzen den Lancer Turbo an die Spitze des Feldes. Am 29. August 1982 rollen sie als Dritte in der Gesamtwertung des zur Weltmeisterschaft zählenden Laufs über die Ziellinie. Andere Rallye-Asse werden auf den bärenstarken Mitsubishi aufmerksam. Einhelliges Urteil der Weltelite: Die Autos mit den Drei Diamanten werden in Zukunft im Rallye-Sport wohl ein gehöriges Wörtchen mitzureden haben.

Trotz dieser Vorschußlorbeeren sind die Fachleute skeptisch, als am Neujahrsmorgen 1983

Am Strand von Dakar gehören die Pajeros beim Zieleinlauf der Rallye Paris–Dakar mittlerweile zum vertrauten Bild.

Zum Morgenappell angetreten.

vier Geländewagen neuester Bauart in Paris an den Start der wohl schwierigsten und abenteuerlichsten Rallye der Welt gehen: 10 000 Kilometer liegen vor ihnen. In 20 Tagen sollen sie die Strecke von Paris nach Dakar an der westafrikanischen Küste zurücklegen. Dazwischen liegen endlose Wüsten, steinige Gebirgspassagen, unzählige Kilometer Piste, die kaum mehr den Namen »Weg« verdient, hierzulande als »schweres Gelände« bezeichnet würde. Dabei wurden die Geländewagen erst vor kurzem in Japan vorgestellt, in der Bundesrepublik sind sie noch gar nicht zu haben. Solch ein Auto gleich auf die härteste Rallye-Prüfung der Welt schicken? Dazu noch von einem Hersteller, dessen Name in Europa noch ein kaum beschriebenes Blatt ist und der vielen schwer über die Zunge geht – Mitsubishi? Dafür braucht man Mut, meinen die Experten.

Knapp drei Wochen später haben die vier Pajeros – so der Name der Geländefahrzeuge – bewiesen, daß keinesfalls Mut nötig war, um am Abenteuer Paris–Dakar teilzunehmen. Die Mitsubishi-Techniker setzten die Pajeros aufgrund ihres großen Vertrauens in die robuste Technik des neuen Allradlers ein. Die Zuverlässigkeit war ausschlaggebend für das hervorragende Abschneiden der Quadrille. Schon das Ankommen wäre als großer Achtungserfolg gewertet worden. Die vier Pajeros erreichen jedoch noch mehr. In der Kategorie II, der Wertung der serienmäßigen Geländefahrzeuge, siegen die Fahrer Cowan und Malkin, dicht gefolgt von ihren Teamkollegen Débussy und Delaval. Den dritten Platz belegt das Duo Maingret/Blin, alle auf Mitsubishi Pajeros. In der Marathon-Wertung, der Kategorie, in der Zuverlässigkeit und Ausdauer ausschlaggebend ist, gelingt den Mitsubishis ein dreifacher Erfolg. Die Rallye-Szene wundert sich, und viele tausend Gelände-Fans haben allen Grund zur Freude, als der Pajero im Laufe des Jahres auch in Deutschland verkauft wird.

Doch nicht nur der Pajero beweist die Dauerhaftigkeit und Qualität der Mitsubishis im Rennsport. Wenige Monate später, im Juni 1983, erringt ein Lancer Turbo bei der internationalen österreichischen Eisenwurzen-Rallye den zweiten Platz, im fernen Zypern beendet ebenfalls ein Lancer Turbo die außerordentlich schwierige Venus-Rallye als Sieger.

Auch Privatfahrer schwören auf den Pajero.

Rallye-Ärzte vertrauen auf Mitsubishi-Technik.

Mitsubishi und die Winterfreuden

Das Jahr 1984 beginnt für Mitsubishi mit passiver Teilnahme am internationalen Spitzensport. Zunächst unterstützt der japanische Hersteller die World-Cup-Abfahrt der alpinen Wintersport-Athleten in Wengen, danach beginnt für die Fahrzeugflotte der Weg nach Jugoslawien zu den olympischen Winterspielen. In Sarajevo stehen genau 65 Autos bereit, größtenteils mit der bewährten Allradtechnik ausgerüstet, um die Wettkämpfer über verschneite Wege in die Stadien, auf die Pisten und Schanzen zu befördern. Der Einsatz lohnt sich, weckt weltweites Interesse an den Autos mit den Drei Diamanten. Heftige Schneefälle setzen direkt nach der Eröffnungszeremonie ein und machen die Zufahrtsstraßen für Autos mit herkömmlichem Antrieb unpassierbar.

Bereits in den ersten Tagen des jungen Jahres haben mehrere Mitsubishis für Aufsehen gesorgt: Auch 1984 wurde am Neujahrstag eine Rallye Paris–Dakar gestartet. Die nunmehr sechste Wüstenwettfahrt war allerdings in Verruf gekommen. »Die Automobilhersteller haben die Paris–Dakar als Werbemittel entdeckt und schicken uns hochgezüchtete Spezialfahrzeuge auf den Hals, mit denen wir kaum noch konkurrieren können«, klagt ein Privatfahrer. Bei Mitsubishi wird die Situation anders gesehen. Ulrich Brehmer, Einsatzleiter des Mitsubishi-Teams: »Das kommt für uns gar nicht in Frage, wir bleiben bei den Vorbereitungen unserer Wettbewerbswagen so nahe wie möglich am Serienstandard. So unterscheiden sich die Fahrzeuge, mit denen der schottische Rallye-Profi Andy Cowan, der Ex-Motocrossfahrer Hubert Rigal und »Wüstenfuchs« George Debussy die 12 000 brutalen Kilometer angehen, äußerlich nur durch das Fehlen der Stoßstangen vom Serien-Pajero. Unter dem Blech wurden lediglich die Stoßdämpfer durch ein zweites Dämpferbein verstärkt, als Motor dient der 160 PS starke 2,6-Liter-Turbomotor, der unverändert aus der Amerikaversion des Sapporo stammt. Dennoch mischen die Pajeros in der Spitzengruppe der speziell für die Wüstenrallye konstruierten Autos mit: Am Ende springt dafür ein hervorragender dritter Platz im Gesamtklassement und ein Doppelsieg in der Wertung der verbesserten Serien-

100

Verschnaufpause in der Wüste.

Den Weg weiß ganz allein der Kompaß...

wagen heraus. Noch mehr Beachtung als die Sieger finden allerdings das Team auf dem sechzehnten Platz: Nicole Maitrot und Beifahrerin Monique Delannoy bezwangen ihre Konkurrenten mit einem völlig serienmäßigen Pajero-Turbo-Diesel.

Die beiden Pariserinnen konnten noch andere Klassement-Siege für sich buchen: Bestes Diesel-Team, schnellstes Serienfahrzeug und erfolgreichste Damen der Paris–Dakar.

Währenddessen treten weitere Mitsubishi-Rallye-Fahrzeuge in die Startlöcher. Auf der 25. Tokio Motor Show, der wichtigsten Automobilausstellung Asiens, feiert der 350 PS starke Starion Rallye mit permanentem Allradantrieb Premiere. Team-Chef der neuen Ralliart-Mannschaft wird Andrew Cowan, der bereits auf der Paris–Dakar von sich reden machte und zuvor die East-African-Rallye gleich mehrfach gewonnen hatte.

Kurz darauf und »so ganz nebenbei« gewinnt ein serienmäßiger Lancer Turbo die Rallye Elfenbeinküste, in Silverstone im Vereinigten Königreich verweist Colin Blower mit seinem Starion die Konkurrenz auf die Plätze.

Immer wieder durch die Wüste

Sand, Staub, mörderische Strecken und unerträgliche Hitze, dies scheinen die Bedingungen im Motorsport zu sein, unter denen sich die Mitsubishi-Autos am wohlsten fühlen. Ein bis auf den vorgeschriebenen Frontschutz, Überrollkäfig und geänderte Bereifung völlig serienmäßiger Space Wagon 4WD wird Klassensieger der 4000 Kilometer langen Pharaonen-Rallye in Ägypten. Die Kategorie der dieselgetriebenen Allradfahrzeuge gewinnt – wie sollte es anders sein – ein Pajero, knapp übrigens vor einem weiteren Pajero auf Platz zwei.

Kein Wunder also, wenn Ende 1984 die Kommissare und Sekretäre der 7. Rallye Paris–Dakar schon vom Namen des erfolgreichsten Wettbewerbsfahrzeugs träumen: Die Meldeliste liest sich wie eine Modellübersicht des Geländewagenprogramms von Mitsubishi. Allein aus Frankreich kommen neun Pajero-Teams, drei Benziner- und drei Diesel-Versionen in verschiedenen Kategorien. Die Niederlande meldet zwei, die Schweiz sechs, Belgien vier und die Bundesrepublik Deutschland drei Pajeros. Insgesamt also

Für Wüsten-Tourismus bleibt keine Zeit.

Unendliche Harmonie und grenzenlose Gefahr – Faszination der Wüste.

Über Stock und über Stein: Auf der Rallye Paris–Dakar haben die Pajeros immer wieder ihre Zuverlässigkeit unter Beweis gestellt (folgende Doppelseite).

Wirbelt mächtig Staub auf: Ari Vatanen bei der Akropolis-Rallye 1989 mit seinem Galant Dynamic 4.

24 Mitsubishi-Geländewagen, die ob ihrer Zuverlässigkeit alle gute Siegeschancen haben.

Die Strecke ist diesmal 14 000 Kilometer lang, am Start stehen 580 Teams. Sogar blaublütige Rallyefahrer hat das Wüstenspektakel diesmal angezogen: Prinz Albert von Monaco geht, ebenfalls am Steuer eines Pajero, ins Rennen. Am 22. Januar fällt dann die Entscheidung am langen Strand von Dakar: Mitsubishi erringt seinen bislang größten Erfolg bei der Paris – Dakar. Dicht hintereinander rasen zwei Pajeros über die Ziellinie. Die Teams Zaniroli/Da Silva und Cowan/Syer gewinnen mit einem Doppelsieg für Mitsubishi die härteste Rallye der Welt. Und das mit Pajeros, die zwar satte 200 PS unter der Haube haben, deren Leistung aber deutlich geringer ist als die der Konkurrenz. Renommierte Automobilhersteller haben ihre Entwicklungsabteilungen darauf angesetzt, Spezialfahrzeuge für das Wüstenabenteuer zu konstruieren, um endlich das Siegesabonnement der Pajeros zu beenden. Doch nicht PS-Superlative und Höchstgeschwindigkeiten entscheiden die Fahrt durch die Ténéré-Wüste und durch das zerklüftete Hoggar-Gebirge, sondern Zuverlässigkeit und konstante Leistung, Eigenschaften, die Mitsubishi-Fahrzeuge für sich gepachtet zu haben scheinen. Das bemerken auch die Teilnehmer der neu ins Leben gerufenen Wynns Safari Rallye, deren Strecke 5300 Kilometer quer durch Wüstenregionen in Australien führt. Platz 1 für einen Mitsubishi Pajero, Platz zwei für einen weiteren Mitsubishi Pajero, Platz 3 für einen Mitsubishi L 200.

Im Herbst 1985 gibt es schließlich noch ein Ereignis aus dem Rallye-Sport, das sich abseits der Schotterpisten abspielt. Thierry Sabine, Organisator und geistiger Vater der Rallye Paris – Dakar, sollte während der Frankfurter Automobilausstellung auf dem Mitsubishi-Stand offiziell die achte Auflage des Wüstenabenteuers ankündigen. Der Franzose wollte gerne kommen, doch er konnte nicht. Die Fluglotsen in Frankreich streikten plötzlich, alle Linienflüge von Paris nach Frankfurt mußten gestrichen werden. Christian Dries, Marketingleiter der MMC Auto Deutschland GmbH, mochte sich damit jedoch nicht abfinden. Als Inhaber einer Berufspilotenlizenz chartert er kurzerhand ein zweimotoriges Flugzeug. »Die Organisation in diesem Unternehmen ist genauso zuverlässig wie die Autos, die es herstellt«, flachst »Monsieur Paris–Dakar«, wie Sabine scherzhaft genannt wird, während der Pressekonferenz auf dem Mitsubishi-Stand. Er kündigt nicht nur die achte Rallye Paris–Dakar an, sondern merkt an, daß die Organisatoren diesmal mit Pajero-Geländewagen den Wüsten-Treck begleiten werden.

Als die Rallye wenige Wochen später in Versailles startet, weiß Thierry Sabine noch nicht, daß es seine letzte sein wird. Kurz vor dem Etappenziel Gourma-Rarous im afrikanischen Staat Mali zerschellt sein Hubschrauber während eines Rettungsfluges im Sandsturm an einer dreißig Meter hohen Düne. Die Nachricht verbreitet sich wie ein Lauffeuer, die Rallye-Welt ist schokkiert. Doch die laufende Paris–Dakar soll ordnungsgemäß beendet werden. »Es wäre in seinem Sinne gewesen«, heißt es in einer Erklärung der Veranstalter. Die Mitsubishi-Teams erreichen schließlich den dritten Platz in der Gesamtwertung, erste Plätze jeweils in der Geländewagen- und der Serienfahrzeug-Wertung. Doch am Erfolg kann man sich nicht recht freuen. Sabines Tod und viele Unfälle überschatten die Siegerehrung in Dakar. Von insgesamt 340 gestarteten Autos erreichten nur 59 die Hauptstadt des Senegal.

We built to win

Nicht allein der Pajero holt die Pokale und Auszeichnungen in die Regale der Mitsubishi-Teams. Mit 32 Siegen bei nationalen Meisterschaftsläufen in Europa entwickelt sich der Starion zum ebenso zuverlässigen wie schnellen Sportfahrzeug auf Rallye- und Rundstrecken. In Großbritannien belegen in der Endwertung der Uniroyal Production Saloon Championship zwei Starions Platz eins und Platz zwei, weit vor mächtigen Konkurrenten wie BMW, Mercedes und Rover. In den Niederlanden fährt Hans Hugenholtz seinen Starion zum Gesamtsieg der Tourenwagenmeisterschaft, Gruppe N, in der Türkei gewinnt ein Starion die Rallyemeisterschaft in der Gruppe A.

Die technischen Daten des Rallye-Starion lassen solch Spitzenleistungen auf den ersten Blick gar nicht vermuten. Mit Turbolader und Ladeluftkühlung leistet das Zwei-Liter-Vierzylinder-Triebwerk 250 PS bei 5800 Umdrehungen. 1395

Auch als Kunstwerk macht der Pajero eine ausgezeichnete Figur.

Kilogramm wiegt der Starion rennfertig, damit gehört er gewiß nicht zu den leichtesten Wettbewerbsfahrzeugen. Fachleute bescheinigen jedoch ein exquisites Fahrverhalten und eine feine Abstimmung, die das Siegen auf völlig unterschiedlichen Strecken möglich macht. Insgesamt erringen die Autos mit den Drei Diamanten 1987 weltweit 110 erste Plätze.

Noch ein Rallye-As

Kurz nachdem 1988 der neue Galant vorgestellt wurde, fällt in der Vorstandetage bei Mitsubishi Motors die Entscheidung: das Topmodell, der Dynamic 4 mit Allradantrieb und Allradlenkung, wird an einigen bevorstehenden Läufen zur Rallye-Weltmeisterschaft teilnehmen. Die Premiere in Asien geht ohne Zwischenfälle über die Bühne, der 290 PS starke Turbo-Galant gewinnt die Asia Pacific Championship, die erste von FIA (Fédération Internationale de l'Automobile) anerkannte Rallye im fernen Osten. Der Team-Chef der Ralliart-Mannschaft in Europa heißt Andrew Cowan und hat schon gut 100 000 Kilometer Paris–Dakar-Erfahrung auf dem Buckel.

Für Deutschland zeichnet Ingolf Raiss verantwortlich; hier geht der Galant in einer zivilen Version in der Gruppe-N, unter den weitgehend serienmäßigen Fahrzeugen, an den Start. Der Galant verteidigt seinen üppig erhaltenen Vorschußlorbeer erfolgreich. Sein erster Einsatz wird zwar von einem vorwitzigen Stein beendet, der die Motorschmierung außer Kraft setzt, doch hatte das Gruppe N-Auto kurz zuvor während einer Sonderprüfung selbst den höheren Klassen die Rückleuchten gezeigt und die PS-starken Rallye-Spezialfahrzeuge aus Italien und Frankreich auf die Plätze verwiesen. Während der folgenden Rallyes ist das Ralliart-Team mit seinen Galants ganz vorne zu finden und dominiert die Gruppe N. Die Zuschauer quittieren mit Beifall, wenn der rot-weiße Keil breitseits im kontrollierten Drift um die Kurven geschossen kommt.

Der Dauersieger

Der Pajero fährt unterdessen weiter von einem Sieg zum nächsten. Die Wynn's Safari in Australien gewinnt er zum dritten und vierten Mal in Folge als Gesamtsieger. Die achte Paris–Dakar

290 PS bringt der Vatanen-Galant mit Turbomotor und Allradantrieb auf die Piste.

In einer zahmeren Version beteiligt sich Mitsubishi mit dem Galant an der Deutschen Rallyemeisterschaft. Bei der Hessen-Rallye 1989 steuert Harald Demuth auf Platz drei der Gesamtwertung und wird Sieger in der Gruppe N.

Zur »Wynn's Safari Rallye« in Australien tritt 1988 dieser abenteuerliche Nachbau des ersten Mitsubishi mit Allradantrieb, der PX33, an. Unter der Haube toben jedoch 270 PS, und ein 6. Platz in der Gesamtwertung ist das respektable Ergebnis.

– nach langer Diskussion wird das Wüstenabenteuer auch nach dem Tod Thierry Sabines weiter gefahren – schließt er als Dritter im Gesamtklassement, Erster in der Geländewagenwertung und Erster in der Serienfahrzeugwertung ab. Im folgenden Jahr fährt der Pajero noch einen Platz nach vorne und beendet das Wüstenrennen als Zweiter in der Gesamtwertung.

In der Klasse der verbesserten Allradfahrzeuge belegen Mitsubishi-Geländewagen die ersten vier Plätze. Schließlich gibt auch der neue Drei-Liter-V6-Motor im Pajero sein erfolgreiches Debüt: Er erreicht Dakar als Sieger der Serienfahrzeuge.

Die Wynns Safari Rallye wird von einem spektakulären Auftritt eines »neuen« Rallyefahrzeugs begleitet. Anläßlich des 200. Geburtstages des australischen Staates bastelt der französische Mitsubishi-Importeur Sonauto eine Replika des ersten japanischen Allradautos mit Dieselmotor, des Mitsubishi PX-33. Die altertümliche Karosserie kann nicht darüber hinwegtäuschen, was unter der leichten Carbon-Haube steckt: Die 2,6-Liter-Maschine mit Turbolader und Ladeluftkühlung leistet 270 PS. Während außen Kühlergrill, Hörner und verchromte Scheinwerfer Nostalgie verbreiten, herrscht im Inneren sachliche Rennatmosphäre. Das abenteuerliche Gefährt geht als normales Allradfahrzeug an den Start der Rallye durch den australischen Outback und beendet die 6000-Kilometer-Fahrt trotz eines zeitraubenden »Ausrutschers« mit einem respektablen sechsten Platz.

Auto, Abenteuer und Sport

Der Pajero hat sich mittlerweile zum Lieblingsauto der Abenteurer und Off-Road-Fans gemausert. Nicht nur im harten Wettkampf, auch auf den Reisen der Individualisten beweist er seine Zuverlässigkeit und schier unendliche Einsatzvielfalt. Bereits 1986 hatte ein Pajero sein gewohntes Element verlassen und bekam das Schwimmen beigebracht. Links und rechts der Karosserie wurden große Auftriebskörper befestigt, die Karosserie abgedichtet, Auspuff und Ansaugrohre verlängert und nach oben verlegt. Am 16. und 17. September 1986 machte sich der Geländewagen dann auf zur Tour über den ungarischen Plattensee. Am Heck des Pajero drehte sich ein Propeller, der direkt mit dem Getriebeabtrieb gekoppelt war. »Schiff ahoi« hieß es, und der Pajero brummte munter über den See, verblüffte Surfer und Segler, kam ohne Leck am anderen Ufer an.

Zwei Jahre später wird aus dem Späßchen am Plattensee ernst. Ein verbessertes Schwimmersystem soll die Tauglichkeit des Pajero für den professionellen Einsatz bei Expeditionen unter Beweis stellen. Der Survivalexperte Volker Lapp, Diplom-Psychologe Detlef Fey und der expeditionserprobte Mechaniker Franz Ketzer starten zu einer Erstbefahrung: Den mächtigen Yukon-Fluß, hoch oben im amerikanischen Norden, sind gewiß schon viele tausend Trapper, Indianer oder Kajakfahrer mit Kanus hinunter »geschippert«. Ein schwimmfähiges Auto hat die

Das beschauliche Bild täuscht – der Yukon hält allerhand Schwierigkeiten für seine Bezwinger bereit.

Der Mitsubishi-Geländewagen beweist, daß er auch in diesem Element niemanden im Stich läßt.

In der Türkei bereiten sich Teilnehmer auf die Camel Trophy vor. Ihr Trainingsgerät: Mitsubishi Pajero.

Wo andere längst schieben... Ob in Schlamm oder Matsch oder in der Wüste – der Pajero macht immer eine gute Figur.

112

Auf dem Weg nach Ghana, zur Ausscheidung für die Camel Trophy 1988, macht der Pajero große Sprünge.

1200 Kilometer lange Wasserstrecke zwischen der kanadischen Stadt Dawson und der Pipeline-Bridge nordöstlich von Fairbanks, der zweitgrößten Stadt des amerikanischen Bundesstaates Alaska, jedoch noch nicht bezwungen. Ganz ungefährlich ist das Unternehmen nicht. Die Strömung des Yukons ist stark. Mit zwölf Knoten in der Stunde, etwa 20 Kilometer, wälzen sich seine Wassermassen dem Pazifik zu. Im Frühjahr, wenn das Schmelzwasser aus den Bergen den Wasserspiegel sprunghaft ansteigen läßt, schiebt der Strom so manche Insel einfach weg. Außerdem droht immer wieder die Kollision mit großen Baumstämmen, die im Wasser treiben und die empfindlichen Auftriebskammern des Schwimm-Pajeros beschädigen können. Tückische Sandbänke fordern zusätzlich die Konzentration des Expeditions-Trios. Nachts muß das Lager gut gesichert werden, denn neben den zahllosen Mücken, die zwar lästig, aber nicht lebensbedrohend sind, tappt so mancher hungrige Grizzly durchs dichte Unterholz. Doch Mannschaft und Fahrzeug überstehen die Tour schadlos. Nach zwölf Tagen in der Einsamkeit erreichen sie ihr Ziel, die Pipeline-Bridge, und nach vielen Kilometer unwegsamer Ufer wieder befestigte Straßen. Das Schwimmersystem und der Pajero haben die harte Prüfung bravourös bestanden und stehen künftig für ähnliche Erkundungsfahrten in wasserreichen Regionen der Erde zur Verfügung.

Der Dschungel ruft, der Pajero kommt

Im immer enger werdenden Lebensraum Europas bietet der Pajero Individualisten ein Stück Freiheit, der Mitsubishi-Geländewagen ist in kurzer Zeit zu einem Stück Weltanschauung geworden. Weltanschauung ist jedoch auch die berühmte Camel Trophy des Zigaretten-Multis Reynolds. Für die Vorausscheidungen der deutschen Teams zum alljährlich stattfindenden Dschungelabenteuer setzen die Organisatoren auf den Pajero. Ob in den feuchtheißen Regenwäldern an der afrikanischen Goldküste oder in den glühendheißen Steinwüsten des anatolischen Hochlandes, die Trophy-Teilnehmer wissen, daß sie sich auf ihren Pajero verlassen können. Was dabei mit den Autos angestellt wird, kann man sich hierzulande nicht erträumen. Mit

Seilwinden werden sie nahezu senkrechte Berghänge hinaufgeschleppt, auf notdürftig zusammengezimmerten, glitschigen Baumstämmen überqueren sie reißende Flüsse. Die Trophy beginnt dort, wo normale Straßen aufhören.

Die sieben Pajeros, die bereits mehrfach als Fahrzeuge bei den Vorausscheidungen eingesetzt wurden, haben mittlerweile über 70 000 Kilometer auf dem Tacho. Die Belastungen, denen die Wagen ausgesetzt waren, vervielfachen diese Wegstrecke nochmals. Ausfälle gab es dabei bisher nur ein einziges Mal. Als die sieben Pajeros 1987 per Achse von Deutschland nach Ghana an der afrikanischen Goldküste gefahren wurden, blieb einer von ihnen liegen. Mitten in der Wüste, auf der gefürchteten Tanezrouft-Piste zwischen der algerischen Grenzstation Bordj-Moktar und der malinesischen Stadt Gao streikte plötzlich einer der Motoren. Der Mitnehmerring der Einspritzpumpe war gebrochen und legte den Diesel lahm. Die Pumpe wird übrigens nicht von Mitsubishi, sondern von einem großen europäischen Fahrzeugteile-Lieferanten produziert, doch das Wissen allein half den Fahrern in dieser Situation nicht viel. Immerhin mußten alle sieben Pajeros ans Ziel gebracht werden. Also wurde der defekte Pajero von einem anderen ins Schlepp genommen und im Höllentempo über Sandpisten, Schotterstrecken und später schlaglochübersäte Straßen bis nach Accra, der ghanesischen Hauptstadt geschleppt. Die kaum vorstellbare Belastung auf der mehr als 3000 Kilometer langen Schleppstrecke hat der als Abschleppauto eingesetzte Pajero mühelos weggesteckt.

Außer einem unzählige Male gerissenen Zugseil verlief die Fahrt ohne weitere Panne. Termingerecht erreichte der Afrika-Treck das Ziel und konnte die Mitsubishi-Geländewagen den Trophy-Teilnehmern übergeben.

Tausend-Seen-Rallye 1989: Das schnelle Schweden-Duo Ericsson/Bilstam auf Galant VR 4 schlägt die gesamte Konkurrenz.

1964: Mitsubishi Colt 600
wird Klassensieger beim Grand Prix von Malaysia.

1964: Mitsubishi Colt 1000
gewinnt den ersten japanischen Grand Prix. Sein Motor leistet 51 PS aus 977 Kubikzentimeter Hubraum. Spitze: 125 km/h.

1967: Mitsubishi Colt 1000 F
wird Klassensieger bei der Southern Cross Rallye in Australien.

1969: Mitsubishi Colt 1500 SS
wird Dritter in der Gesamtwertung bei der Southern Cross Rallye.

1962: Mitsubishi 500
wird Klassensieger beim Grand Prix von Macao. Für den Antrieb sorgt ein luftgekühlter Zweizylindermotor mit 493 Kubikzentimeter und 21 PS Leistung.

1970: Mitsubishi Galant GTO
gibt sein Debüt bei der 5. Southern Cross Rallye. Sein 1,6-Liter-Motor leistet dank Doppelvergaser 125 PS.

MITSUBISHI
GOAL OF COMPETITION
SINCE 1962

Vom tiefsten Afrika bis in die unendlichen Weiten des australischen Outbacks war die Präsenz von Mitsubishi im Motorsport zu spüren. Die intensiven Anstrengungen hatten ein wichtiges Ziel: Die Lektionen, die Mitsubishi über Leistungsfähigkeit und Zuverlässigkeit von Automobilen hier unter härtesten Bedingungen lernte, garantieren, daß nur Fahrzeuge mit höchster Qualität und Haltbarkeit das Firmenzeichen mit den drei Diamanten tragen.

1967: Mitsubishi Colt F 2-A
gewinnt den Japan-Grand-Prix. Für den Antrieb sorgt eine 1,6-Liter-Maschine.

1969: Mitsubishi Colt F 2-C
gewinnt den Grand Prix von Japan mit einem 1,6-Liter-Motor, der dank Einspritzung 240 PS leistet.

1974: Mitsubishi Lancer 1600 GSR
gewinnt die 22. East African Safari Rallye. Seine 1,6-Liter-Maschine leistet 160 PS.

1970: Mitsubishi Colt F 2-D
wird Klassensieger beim Grand Prix von Japan.

1972: Mitsubishi Galant 16 LGS
gewinnt die 7. Southern Cross Rallye.

1981: Mitsubishi Lancer 2000 Turbo
wird zum Star auf den internationalen Rallye-Pisten. Seine 280 PS lassen ihn überall ganz vorne dabei sein.

1971: Mitsubishi Colt F 2000
gewinnt den Grand Prix von Japan mit einem Zwei-Liter-Motor, der 290 PS leistet.

MITSUBISHI MOTORS

Die Welt von Mitsubishi

Industrie-Unternehmen arbeiten heute selten ohne starke Verknüpfung zu anderen Firmen. Nationale und internationale Kontakte beschleunigen die Forschung, unterstützen die Produktionstechniken und erleichtern die Handelsbedingungen. Beteiligungen an anderen Unternehmen, organisiert als Schwester- oder Tochter-Firmen, sind daher die Regel geworden. Die zunächst verwirrende Organisationsstruktur von Mitsubishi ist allerdings einzigartig auf der Welt. 160 Firmen unterschiedlichster Art gehören direkt zum größten japanischen Firmenverbund, dessen Symbol die Drei Diamanten sind. Mitsubishi ist weiterhin an mehr als 1400 japanischen Unternehmen beteiligt, außerdem bestehen zu 700 Firmen zusätzlich enge wirtschaftliche Kontakte. Allein die 38 wichtigsten Mitsubishi-Gesellschaften erzielten im Jahr 1987 einen Umsatz von 334 Milliarden Mark, das entspricht 7,3 Prozent des japanischen Bruttosozialproduktes. Mehr als 10 Prozent aller berufstätigen Japaner – das sind etwa fünf Millionen Menschen – arbeiten in einem Unternehmen der Mitsubishi-Gruppe.

Nach alter japanischer Tradition werden die Grundlagen der Unternehmens-Philosophie dabei strengstens eingehalten: Alle Mitsubishi-Firmen genießen völlige Unabhängigkeit in Fragen des Managements und der Organisation. Diese Eigenständigkeit einerseits und die unbedingte Loyalität gegenüber dem gemeinsamen Firmenverbund sichern jedem einzelnen Unternehmen eine weltweite Führungsrolle bei Forschung und Entwicklung in den jeweiligen Geschäftsbereichen. Jedes der hochspezialisierten Einzelunternehmen gewährt den anderen Einblick in den aktuellen Stand der Forschungen. Es findet ein kontinuierlicher Informationsaustausch statt. Vom Mitsubishi Research Institute werden wichtige Entdeckungen gesammelt, aber auch dem Anschein nach nebensächliche Kleinigkeiten. Dort werden die Informationen ausgewertet; man überprüft ihren möglichen Nutzen und reicht sie an die Wissenschaftler in den verschiedenen Geschäftszweigen weiter.

Neben dem wissenschaftlichen Informationsaustausch wird schon seit 1954 der Kommunikation im Bereich der Unternehmensführung ganz offiziell hoher Wert beigemessen. Jeden Freitag treffen sich – wie schon erwähnt – die Präsidenten der 29 wichtigsten Gesellschaften zum Kinyo-Kai, der berühmten Freitagskonferenz. Diese von Mitsubishi geschaffene Institution hat im Laufe der Jahre weltweit Aufsehen erregt, denn in keinem anderen ähnlich weitverzweigten Unternehmen fallen Entscheidungen so schnell und zielsicher wie bei Mitsubishi. Wirtschaftswissenschaftler benutzen den Begriff »Freitagskonferenz« als Synonym für schnelle und effektive Gespräche zwischen Führungskräften. Im Hauptquartier der Mitsubishi Corporation werden während des Zusammentreffens unternehmens- und gruppenpolitische Themen besprochen, schnell und unkompliziert Entscheidungen gefällt. Als Beispiel für die enge Zusammenarbeit mag die Verwirklichung eines Anlagenbaus im Ausland dienen: Mitsubishi Heavy Industries (MHI) produziert die Anlagen, Nippon Yusen Kaisha (NYK), eine der größten Reedereien der Welt, sorgt für den Seetransport. Mitsubishi Corporation (MC) übernimmt die Verhandlungen mit den ausländischen Geschäftspartnern, die Mitsubishi-Bank betreut die Finanzierung, und die ebenfalls zur Gruppe gehörende Tokyo Marine and Fire Insurance versichert das Projekt.

Entwicklung als Gemeinschaftsarbeit

Doch nicht nur die wirtschaftliche Stärke der Mitsubishi-Unternehmensgruppe ist eine Plattform für die Gestaltung der Zukunft, besonders die

Das Hauptquartier der Mitsubishi-Bank in Tokio.

technischen Entwicklungen profitieren von der Struktur des Konzerns. »Innovationen sind eine Maschine, die für Zuverlässigkeit sorgt«, lautet die Überschrift, die über allen Forschungsprojekten steht. Neuerungen sind zu wichtig, als daß man sie dem Zufall überlassen könnte, und bei Mitsubishi wurde das rechte Maß gefunden, den Ingenieuren und Wissenschaftlern ausreichenden Freiraum für ihre Arbeit zu lassen, ohne daß sie dabei die großen Ziele aus den Augen verlieren. Entwicklungsarbeit im Hochtechnologiebereich ist in den letzten Jahren unvorstellbar kostspielig geworden und erfordert viele hochqualifizierte Fachkräfte. Ein einzelnes Unternehmen kann sich High-Tech-Forschung kaum mehr leisten und muß auch auf die Entwicklungen anderer Firmen zurückgreifen.

Dieses System, das im Laufe von mehr als einem Jahrhundert entstanden ist, funktioniert perfekt. Gut ein Dutzend der Mitsubishi-Unternehmen sind mit der Gewinnung oder Erzeugung von Rohstoffen beschäftigt. Mitsubishi Mining etwa baut Kohle und Erze ab, Mitsubishi Steel verarbeitet die Bodenschätze zu den Werkstoffen, die später in den Schiffs- und Flugzeugwerften, in den Autofabriken und Labors der Forschungsgruppen benötigt werden.

Dennoch gehört der Blick über die eigenen Grenzen hinaus zum täglichen Business. Qualitativ hochwertige Produkte zu erzeugen und dabei wirtschaftlich zu arbeiten ist kaum ohne genaue Beobachtung der Mitbewerber möglich. Um ständig über den neuesten Stand der Technik informiert zu sein, hat Mitsubishi eigene Institutionen geschaffen. »Prism« heißt ein alle zwei Monate erscheinendes Magazin, das von Erfindungen oder wichtigen Entwicklungen außerhalb der eigenen Unternehmen berichtet. Das Spektrum der Informationen reicht von Schönheitsprodukten über neue Drainagesysteme bis hin zu metallfreien Wärmeleitern. Denn irgendwo auf der Welt, in einer der vielen Forschungsabteilungen von Mitsubishi, arbeiten mit großer Gewißheit die eigenen Wissenschaftler an ähnlichen Entwicklungen und können dank »Prism« schnell und umfangreich über die Erfolge der Mitbewerber informiert werden. Das aufwendig produzierte Farbmagazin wird allen Führungskräften des Konzerns zugestellt. Alle drei Monate erscheint die farbig gedruckte Broschüre »Advance«, die allein von Mitsubishi Electric herausgegeben wird. »Advance« informiert speziell über die Entwicklungen im elektrotechnischen und elektronischen Bereich.

High-Tech – für Mitsubishi mehr als ein Schlagwort

Hochtechnologie – die etwas weniger aufregend klingende Übersetzung des Begriffs »High-Tech« – ist für zahlreiche Unternehmen heute nicht mehr als ein verkaufsförderndes Element. Oft fehlen ganz einfach die technischen Voraussetzungen und Erfahrungen, hochpräzise Produkte herzustellen oder High-Tech-Elemente in Großserien einfließen zu lassen. Bei Mitsubishi nimmt die Forschung im Hochtechnologie-Bereich dagegen sehr viel Raum in Anspruch. Schließlich sind zwei der Firmen – Mitsubishi Electric und Mitsubishi Heavy Industries – in der Luft- und Raumfahrt aktiv. Aus diesen Bereichen, wo Zuverlässigkeit und Sicherheit der Produkte über alles gehen, stammen unzählige Erfindungen und Entdeckungen, die in angepaßter Form in allen anderen Unternehmensbereichen Verwendung finden. Doch auch die anderen Unternehmen bewegen sich in ihren Forschungsgebieten ständig an der Grenze zum Unmöglichen. Die kaum überschaubare Produktpalette läßt ahnen, welche Geisteskraft in den Labors und Entwicklungszentren von Mitsubishi ständig darum bemüht ist, Gutes nochmals zu verbessern. »Die Mitsubishi-Mitarbeiter sind erfahren und daher mutig genug, mit einem Sinn für das Unbekannte, Unerforschte zu wirken«, heißt es in einem Firmenreport. Der Beweis dafür wird fast Tag für Tag in den verschiedensten Unternehmensbereichen aufs Neue erbracht.

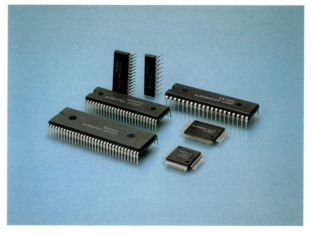

Elektronik, das Labyrinth eines Mikrokosmos

Die vielen Geschäftsbereiche von Mitsubishi setzen sich wie Mosaiksteine zusammen; als Ganzes gesehen ergibt dies ein eindrucksvolles Bild der fortschrittlichsten Technologie. Das kleinste und elementarste Bauteil des High-Tech-Mosaiks ist der IC, der Integrierte Schaltkreis, Kernstück eines jeden elektronischen Gerätes. Und Elektronik spielt heute bei jeder Entwicklungsarbeit eine Rolle, die nicht hoch genug eingeschätzt werden kann. Wesentliche Kriterien eines IC oder Chips sind seine Speicherkapazität und seine Arbeitsgeschwindigkeit. Der Datenfluß in den kaum mehr als fingernagelgroßen Siliziumplatten bestimmt die Rechengeschwindigkeit der Einheit. Die Grundlagen für die Halbleitertechnologie wurden von Nippon Kogaku (Nikon) und Mitsubishi Electric mit opto-mechanotronischen Fertigungsmethoden geschaffen. »Stepper« heißt das hochpräzise Verfahren, das mit einem komplizierten Linsensystem die Platinen belichtet, auf denen später die winzigen

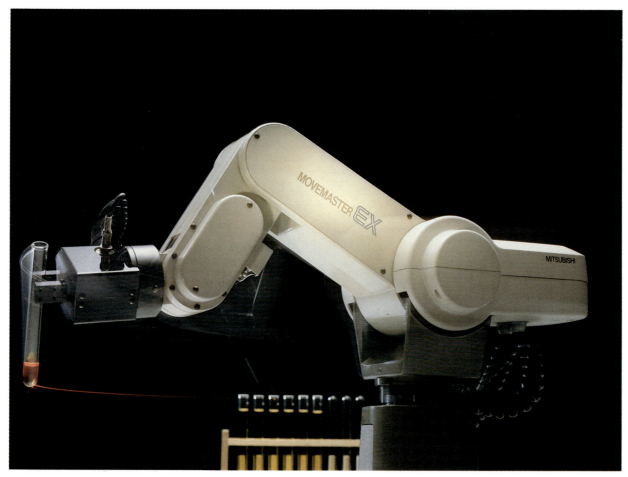

Dieser »Move Master« von Mitsubishi Electric Corporation kann zwischen harten und weichen Objekten unterscheiden. In Krankenhäusern wird dieser Roboter zum Beispiel eingesetzt, um Blutproben für AIDS-Tests im Labor zu bewegen.

118

Halbleiter, integrierte Schaltkreise, Microchips – Mitsubishi Electric und Nikon zählen auch auf diesem Sektor zu den Führenden auf dem Weltmarkt.

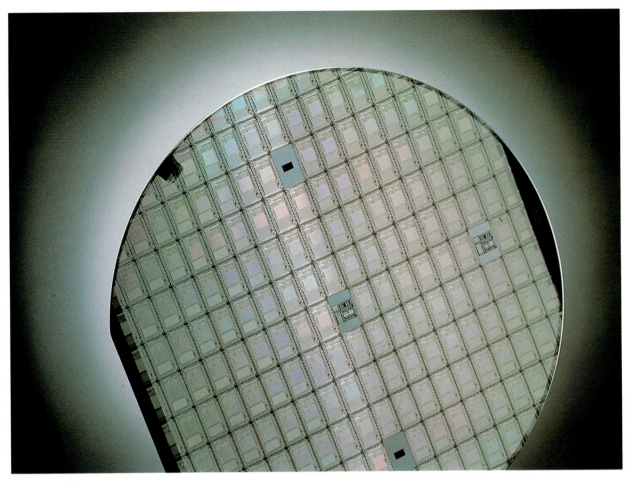

Unübersehbar strahlt die Mitsubishi-Leuchtreklame hoch über Tokios Hauptverkehrsstraße Ginza (folgende Doppelseite).

Schaltkreise herausgeätzt und so die Wege der Leiterbahnen festgelegt werden. Das Stepper-Verfahren ermöglicht es, mehr als 1000 Leiterbahnen auf einer Fläche von weniger als einem Millimeter herauszubilden. Die Leiterplatte – »Wafer« genannt – wird ähnlich wie in der Fotografie von den ultravioletten Strahlen einer Quecksilberdampf-Lampe belichtet. Die hochpräzisen Chips finden mittlerweile in allen nur denkbaren Bereichen der Technik und der Mikroelektronik Verwendung. In der Weltraumforschung dienen sie zum Steuern künstlicher Satelliten, in der Medizin kontrollieren sie medizinische Apparate zur Computertomographie oder die präzisen Bewegungen einer elektronischen Beinprothese, im Automobil übernehmen sie das elektronische Motormanagement oder die Steuerung elektronischer Fahrwerke.

Speicherplatz ohne Ende

Die Geschichte der Chips ist von einem rasenden Schrumpfungsprozeß geprägt, zumindest was seine äußeren Abmessungen angeht. Das Innenleben der Siliziumplättchen dagegen wurde immer feiner, immer komplizierter. Mitsubishi Electric hat einen ganz bedeutenden Beitrag zu dieser Entwicklung geleistet. Wurden anfangs noch 64 KB-Chips, gewissermaßen die Urväter heutiger Schaltkreise, produziert, konnte das Unternehmen dank der Unterstützung anderer Mitsubishi-Tochtergesellschaften bald zur Herstellung von 256 KB-Chips übergehen. Mittlerweile wurde die Serienproduktion nochmals umgestellt: Die Schaltkreise, die in vieltausendfacher Ausführung die Werke verlassen, bieten das kaum vorstellbare Speichervermögen von einem Megabyte. Das sind eine Million Informationen, die auf einer Fläche von rund einem Quadratzentimeter gespeichert und wieder abgerufen werden können.

Mit SAR ein neues Bild der Erde

Nun ist freilich nicht allein die Speicherkapazität eines Chips ausschlaggebend für die Leistungsfähigkeit von Rechnersystemen. Das reibungslose Zusammenspiel der einzelnen Komponenten in Groß-Computern bestimmt seine Effizienz, ebenso die Anwenderprogramme, durch die ein

Rechner überhaupt erst handlungsfähig wird. Mitsubishi entwickelt einen großen Teil dieser Programme selbst. Eines der bedeutendsten Systeme ist das SAR (synthetic aperture radar)-Datenverarbeitungssystem. Das Programm ist für kompakte Anlagen gedacht, die von Flugzeugen oder künstlichen Satelliten mitgeführt werden können, und steuert die Abtastung der Erdoberfläche mit elektromagnetischen Impulsen. Dieses Verfahren arbeitet unabhängig von Witterungseinflüssen, senkt also die Kosten für Beobachtungsflüge oder Satelliteneinsätze wesentlich. Die aufgezeichneten Impulse werden während des Fluges in Echtzeit an die Bodenstationen übermittelt und dort vom SAR-Programm weiter ausgewertet. Mit SAR kann ein völlig neues Bild der Erde entstehen. Die elektromagnetischen Strahlen durchdringen mühelos dichten Buschwald und können so den tatsächlichen Verlauf von Flüssen, Höhenzügen oder auch die Lage von unentdeckten Gebäuden genau lokalisieren. Mit Hilfe von SAR nachgewiesene Bodenfalten haben bereits zur Entdeckung unterirdischer Bodenschätze geführt. SAR hilft außerdem, Dürrekatastrophen zu verhindern: Die Strahlen dringen sogar in den Boden ein und spüren dort unterirdische Wasserläufe auf. In trockenen Regionen der Erde konnten so wichtige Hinweise für erfolgreiche Wassertiefbohrungen erlangt werden.

Wer ist Nippon Kogaku?

Voraussetzungen für Forschungen in diesen Hochtechnologiebereichen sind hochentwickelte optische Systeme. Im Mitsubishi-Firmenverbund gibt es ein Unternehmen, das weltweit führend ist bei der Entwicklung kommerzieller und wissenschaftlicher optischer Geräte. Der Name, unter dem das Mitsubishi-Unternehmen jahrzehntelang firmierte, lautete bis 1988 Nippon Kogaku K.K. Da diese Bezeichnung nicht nur Fotofreunden weitgehend unbekannt ist, entschloß sich die Firmenleitung, den weltbekannten Markennamen »Nikon« auch in den Firmennamen aufzunehmen: Nikon Corporation. Millionen von Hobby-Fotografen schwören auf »ihre« Nikon; unzählige Profis wie Bildjournalisten und andere »Lichtbildner« nutzen die hochentwickelten Kamerasysteme mit dem schwarzgelben Namenszug als unverwüstliche und zuverlässige Arbeitsgeräte. Sogar die NASA setzt auf die ausgereifte Technik des Mitsubishi-Tochterunternehmens: Die Raumfähre Columbia wurde zur Dokumentation ihrer Flüge mit einem Nikon-Kamerasystem ausgerüstet.

Blick in das komplizierte Innenleben einer Nikon-Kamera.

Doch nicht nur im Kamerabereich ist Nikon weltweit führend, auch in der Wissenschaft findet man in jedem Labor Präzisionsinstrumente des japanischen Herstellers. Elektronische Optiken von Nikon dienen zum Vermessen von Staudämmen, zur Qualitätskontrolle in der Großserienherstellung, ebenso zur Korrektur der menschlichen Sehschwäche. In vielen Teilen der Welt blicken Brillenträger gleich zweimal durch Nikon-Erzeugnisse: Einmal kurz beim Augenoptiker, zur Bestimmung des Sehfehlers, später dann längere Zeit durch ihr eigenes, hochpräzises Nikon-Brillenglas.

Werkstoffe

Die Entwicklung neuer Werkstoffe mit wesentlich höheren Leistungseigenschaften als die der bisher verwendeten spielt im Raumfahrt- und hochtechnisierten Medienzeitalter eine immer wichtigere Rolle. Mitsubishi-Unternehmen sind maßgeblich an den Erfolgen bei der Suche nach neuen Materialien beteiligt. Lichtleitfasern etwa, entwickelt von Mitsubishi Cable und Mitsubishi Rayon, brachten revolutionäre Neuerungen im Kommunikationsbereich und finden mittlerweile in allen Industriezweigen Verwendung. Die Entwicklung von Verbundmaterialien, kera-

mischer oder polymerisierter Werkstoffe, schreitet so schnell und erfolgreich voran, daß von Mitsubishi-Unternehmen fast täglich ein neues Patent angemeldet werden kann.

Licht geht in die Kurve

Licht legt seinen Weg in der Natur weitgehend geradlinig zurück. In der Hochtechnologie werden Lichtstrahlen jedoch mit Hilfe von Lichtleitfasern in geregelte Bahnen gebracht. »Eska« heißt eine der erfolgreichsten Fasern, die Mitsubishi Rayon entwickelt hat. Durch den Einsatz von Methacrylharz, das von einem Mantel aus Fluorharz umschlossen wird, bleibt dieses Kabel selbst bei Stärken von weniger als 100 Mikrometer Durchmesser biegsam und bruchfest. Temperaturen bis zu 125 Grad Celsius übersteht Eska ebenso schadlos wie dauerhafte Witterungseinflüsse. So können etwa die Instrumente in Kraftfahrzeugen mit dieser Lichtleitfaser wirkungsvoll hinterleuchtet, aber auch optische Instrumente wie Sensoren, Elektronenmikroskope und Zählwerke leichter und damit kostengünstiger produziert werden. Bei der Datenverarbeitung lassen sich Codeleser, Lichtgriffel oder optische Datenübertragungen mit Eska-Lichtleitfasern betreiben.

»Wellenbrecher« – Speziallack schützt Elektronik

Im Büro oder zu Hause – elektronische Geräte sind heute überall präsent. Je filigraner allerdings die Technik hinter den Frontplatten von Computern, Videorecordern oder Fernkopiergeräten ist, desto empfindlicher sind sie gegen die verschiedensten Arten von Strahlung. Elektromagnetische Wellen oder statische Aufladung können bei Computern die Arbeit vieler Tage zunichte machen, den Betrieb des Systems erheblich stören. Selbst Videorecorder und komplexe Audiogeräte sind nicht sicher; Bandaufnahmen können unwiederbringbar verlorengehen oder zumindest durch ein starkes statisches Rauschen unbrauchbar werden. Mitsubishi Petrochemical hat einen neuen Schutzlack entwickelt, der die Einflüsse von elektromagnetischen Wellen völlig unterbindet. Das Produkt mit dem technischen Namen MPC-1000 wird wie herkömmlicher Lack auf dem Gerätegehäuse aufgetragen und verhindert – so ganz nebenbei – Rostbildung. Wie bei so vielen neuen Entwicklungen zieht auch hier der Fortschritt im Detail unsichtbar für den Verbraucher in die Produktion ein.

Feinkeramik für den Turbo

Asahi Glass Ltd., eine der größten Mitsubishi-Töchter, ist an Superlative gewöhnt. Mehr als ein Drittel des Weltbedarfs an Bildröhren für Farbfernseher stammt aus den riesigen Produktionsanlagen des Unternehmens. Asahi ist der weltgrößte Hersteller für Automobilfenster. Das macht stolz, aber nicht überheblich. Als wichtigeres Ziel sieht der Glas-Riese die Qualität seiner Erzeugnisse. Die muß gleichbleibend auf hohem Niveau liegen, und hierfür werden im eigenen Hause hochqualifizierte Fachkräfte ausgebildet. Asahi hat daher zwei High-Tech-Forschungs-Akademien gegründet. In diesen Ideenschmieden entstehen die Grundsteine für neue Entwicklungen, werden die Weichen für die Zukunft gestellt. Asahi hat im Bereich der technischen Keramik gewaltige Fortschritte erzielen können. Mit einem neuen Brennverfahren wurden die Voraussetzungen geschaffen, auch größere und kompliziert geformte Teile aus hochtemperaturbeständiger Keramik herzustellen. Die Turbinenräder für Abgas-Turbolader etwa werden aus diesem neuen Werkstoff gefertigt; die thermischen Probleme, die bislang nur mit aufwendigen Kühlaggregaten in den Griff zu bekommen waren, gehören dank der neuen keramischen Technik der Vergangenheit an.

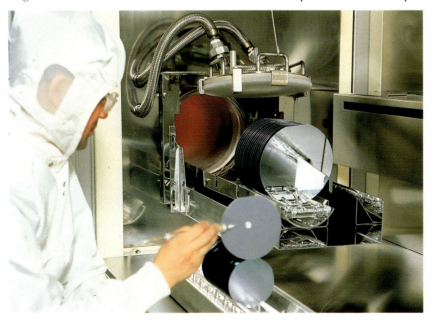

Belichtete Leiterplatten werden mit höchster Sorgfalt behandelt.

Kohle – zum Verfeuern viel zu schade

Als erstes Unternehmen der Welt konnte Mitsubishi Petrochemical einen Teerpech-Kohlefilter entwickeln, mit dessen Hilfe sich der hohe Kohlenstoffanteil des Teerpechs zurückgewinnen läßt. Teerpech fällt bei der Erdöl- und Kohleverarbeitung in großen Mengen an; bisher gab es keine Möglichkeit, das Abfallprodukt weiter zu nutzen. Der Kohlenstoff wird zur mittlerweile weltberühmten »Dialead«-Kohlefaser weiterverarbeitet, deren Einsatzmöglichkeiten bis heute noch nicht an Grenzen gestoßen sind. Dialead ist flexibler als alle bisher bekannten Kohlefasern, härter als Stahl und leichter als Aluminium. Die Faser kann in verschiedenen Gütegraden für die jeweiligen Verwendungsbereiche hergestellt werden. Das bekannteste Endprodukt ist der kohlefaserverstärkte Kunststoff, der für die Raumfahrt eine ebenso wichtige Rolle spielt wie im Automobilbau oder auch für Sportgeräte im Leistungssport. Kohlefaserverstärkter Thermoplast eignet sich zur Herstellung hochpräziser technischer Geräte, kohlefaserverstärkte Verbundstoffe finden bei Automobil-Bremsen, Isolierstoffen und Elektroden Verwendung. Besonders interessant sind die Möglichkeiten, die sich durch den Einsatz von kohlefaserverstärktem Zement (CFC) ergeben. Die hohe Festigkeit des neuen Werkstoffs eröffnet der Architektur völlig neue Dimensionen. CFC sichert die Statik von freitragenden Konstruktionen in bisher unbekanntem Ausmaß, kann daher besonders für Hochhäuser und Staudämme in erdbebengefährdeten Gebieten als Baustoff für mehr Sicherheit sorgen. Auch Bauten in und unter dem Meer können mit CFC erstellt werden; Tunnelröhren, Brücken und Träger bekommen mit Kohlefaserzement dauerhafte Standfestigkeit.

Biotechnologie

Auch wenn die Entwicklung in allen wissenschaftlichen Bereichen heute mit großem Tempo voranschreitet, gibt es eine Disziplin, deren Fortschritte sozusagen nahe der Schallgrenze anzusiedeln sind: die Biotechnologie. Kaum eine andere Wissenschaft ist in der Lage, unser Leben so tiefgehend zu verändern. 1953 wurde die Struktur der DNS entdeckt, nur zwanzig Jahre darauf gelang erstmals eine Umgruppierung von Genen. Biotechnische Verfahren ermöglichen es, Gene zwischen verschiedenen Organismen zu übertragen. Die Bedeutung der revolutionären Technologie des Gentransfers wurde erst Jahre nach ihrer Entdeckung erkannt. Es können nicht nur nutzbringende Organismen, sondern auch pharmazeutische Präparate kostengünstig hergestellt werden. Allerdings kann unkontrollierte Forschung schnell zu verheerenden Auswirkungen führen. Grund genug für die Mitsubishi-Unternehmen, mit größter Vorsicht und nur unter umfangreichen Sicherheitsvorkehrungen biotechnologische Experimente durchzuführen.

Blutserum künstlich herstellen

HSA ist das am häufigsten im Blutserum vorkommende Protein. Die Nachfrage nach dem lebenswichtigen Stoff steigt rapide, da er nicht nur bei Bluttransfusionen, sondern auch als Zwischensubstanz zur systematischen Auffrischung von Nähreiweiß und zur Erhaltung des koloidosmotischen Drucks im Blut eingesetzt wird. 80 Prozent der in Japan benötigten Blutprodukte stammen aus dem Import. Die biotechnische Produktion könnte die Situation hier und in anderen Ländern wesentlich verbessern. Zudem löst sich die moderne Medizin zunehmend von der vollständigen Transfusion, das heißt, es werden meist nur noch spezielle Bestandteile des Blutes übertragen. Diese neue Methode ist besonders auf das HSA angewiesen, was zu einer weltweiten Verknappung des Proteins geführt hat. Die labortechnische Produktion des HSA ist schwierig, da es sich aus 585 Aminosäuren zusammensetzt. Unreinheiten, die zu Nebenwirkungen des Präparates führen, lassen sich jedoch dank der neuesten biotechnischen Errungenschaften ausschalten. Verschiedene Mitsubishi-Firmen arbeiten auf diesem Gebiet mit amerikanischen Unternehmen zusammen, um die Massenproduktion des HSA aufzunehmen.

Kohl aus Protoplasma

Selbst den Ernährungsproblemen kann die moderne Wissenschaft mit der Biotechnologie entgegentreten. Mittlerweile ist es gelungen, Kohl-Setzlinge aus Protoplasma herzustellen. Das Verfahren kann systematisiert und auch auf andere Pflanzenarten übertragen werden. Erfolge wurden bei Tomaten, Auberginen und sogar bei Tabak erreicht. 8000 Samenarten lagern im biotechnologischen Forschungsinstitut von Mitsubishi und dienen als Genquellen. Die künstlich geschaffenen Pflanzenarten sind sehr viel widerstandsfähiger gegen Witterungseinflüsse und Schädlinge als ihre natürlichen Artgenossen. Die Genveränderung erlaubt es, auf chemische Düngung und Schädlingsbekämpfung zu verzichten; die Begleiterscheinungen der chemischen Behandlung, die zum Teil dem Menschen nicht verträglich sind, entfallen bei künstlich entwickelten Pflanzen völlig.

Energie

Japan ist arm an Bodenschätzen; die Energiebeschaffung war deshalb seit jeher eines der größten Probleme der jungen Industrienation. Die Mitsubishi-Unternehmen haben einen wesentlichen Teil dazu beigetragen, daß Japans Energieversorgung mit dem stürmischen industriellen Wachstum Schritt halten konnte. In den letzten Jahren wurde der Schwerpunkt neben der Kernforschung auf die Nutzung natürlicher Energieformen wie Sonnenstrahlung, Wind oder Geothermik gelegt. Die Erschließung neuer, sanfter Energiequellen ist dabei nicht in Vergessenheit geraten. Kohleverflüssigungsanlagen wurden entwickelt, Brenner für Kohle/Öl- oder Kohle/Wasser-Gemisch konstruiert. Vier Unternehmen des Konzerns sind maßgeblich an der Weiterentwicklung der Energiegewinnung beteiligt: Mitsubishi Heavy Industries, Mitsubishi Electric, Mitsubishi Atomic Power Industries und Mitsubishi Nuclear Fuel.

Sonnenenergie

Das Licht der Sonne strahlt kostenfrei auf die Erdoberfläche und steht, nach menschlichen Zeitmaßstäben zumindest, unbegrenzt lange zur Verfügung. Letztlich ist der Stern, um den der Planet Erde kreist, eine ideale Energiequelle. Die umfangreichere Nutzung der Sonnenenergie scheiterte in der Vergangenheit allerdings am geringen Wirkungsgrad, den die verschiedenen Solar-Systeme anfangs erreichten. Die Mitsubishi-Ingenieure und -Wissenschaftler for-

Mitsubishi Electric und Asahi Glass sind an diesem Projekt zur Gewinnung von Solarenergie in Japan maßgeblich beteiligt.

schen in drei Teilbereichen der Sonnenenergienutzung, um mit neuen Technologien die Energieausbeute zu verbessern.

1. Nutzung des photovoltaischen Effekts, durch den sich das Sonnenlicht mit Hilfe von Silizium-Platten direkt in elektrischen Strom umwandelt.

2. Nutzung der Sonnenwärme zum Aufheizen von Wasser, das mit Hilfe von Dampfturbinen Stromgeneratoren antreibt.

3. Solarsysteme, die Sonnenwärme zur Warmwasserbereitung, Beheizung und Klimatisierung nutzen.

Mitsubishi Electric befaßt sich unter anderem mit dem Bau von Solarbatterien, das sind konzentriert angeordnete Solarmodule, die aus einer großen Zahl einzelner Siliziumfelder bestehen. Das von der japanischen Regierung geförderte »Sunshine«-Projekt erreichte im Experimentierstadium Anfang der achtziger Jahre bereits eine Leistung von 20 Kilowatt. Heute liefert die Anlage die enorme Energiemenge von 1 Megawatt, also das fünfzigfache der ursprünglichen Leistung. Die Zahl der einzelnen Solargeneratoren ist dabei nicht im gleichen Umfang gestiegen; der Leistungszuwachs konnte durch den ständig verbesserten Wirkungsgrad der Siliziumplatten erreicht werden. So werden die Solarzellen mit Fresnellinsen ausgerüstet, die das Licht bündeln und die Ausbeute steigern. Außerdem wurde ein computergesteuerter Nachführungsmechanismus in Betrieb genommen, der die einzelnen Generatoren nach dem Stand der Sonne ausrichtet, denn der höchste Wirkungsgrad wird bei einer Einstrahlung im 90-Grad-Winkel erreicht.

Als ebenso zukunftsträchtig wird die Entwicklung von Solargeneratoren aus sogenanntem amorphem Silizium angesehen. Sie spalten die Sonnenstrahlung in drei Bereiche mit verschiedenen Wellenlängen. Auch das Silizium ist in drei Schichten geteilt, jede »Lage« wandelt die Sonnenstrahlung unabhängig von den beiden anderen in Elektrizität um. Amorphe Solargeneratoren nutzen Sonnenenergie also dreifach.

Windenergie

Eine weitere Art der »sanften Energie« ist die Nutzung der Kraft des Windes zur Stromerzeugung oder Arbeitsleistung. Diese Projekte sind

Windkraftwerk auf Hawaii.

schwierig zu bewältigen, da der Standort und die Größe der Rotoren auf die jeweiligen Witterungs- und Windverhältnisse abgestimmt sein müssen. Nur so kann ein Windkraftwerk wirtschaftlich arbeiten. 1988 haben Mitsubishi Corporation und Mitsubishi Heavy Industries den Bau eines Windkraftwerks auf Hawaii nach nur kurzer Bauzeit abgeschlossen. Die Planungsphase hatte sehr viel mehr Zeit beansprucht, da die Windverhältnisse über mehrere Jahre hinweg beobachtet und analysiert werden mußten. Die Mühen wurden belohnt: die 37 Rotoren des Windkraftwerks leisten insgesamt 9250 Kilowatt, die Energie wird konstant in das Stromnetz eingespeist. Gerade in Küstengegenden könnten Windkraftwerke effektiv arbeiten und einen wesentlichen Teil des täglichen Strombedarfs dieser Regionen decken.

Geothermische Kraftwerke

Rund um den Erdball gibt es zahlreiche tätige Vulkane. In diesen Regionen, aber auch in denen mit längst erloschenen Vulkanen, ist Erdwärme vorhanden. Zum Teil tritt sie in Form von warmen Quellen, Geysiren oder als Gas zu Tage. An anderen Stellen schlummert sie dagegen im Verborgenen. In beiden Fällen kann die Erdwärme als Energiequelle genutzt werden. Die einfachste Möglichkeit wäre, einfach eine Zentralheizung an den Geysir in der Nachbarschaft anzuschließen. Die Mitsubishi-Unternehmen sind auch beim Erschließen der Geothermik tätig. Bereits 1973 errichtete Mitsubishi Metal das geothermische Kraftwerk in Onuma, eine Anlage, die 10 Megawatt leistet und bis heute störungsfrei arbeitet.

Die Verfahren, um aus Erdwärme elektrische Energie zu gewinnen, sind vielfältig. Zum einen können austretende Stoffe wie Wasser oder Gas über sorgfältig isolierte Leitungen zu einem zentralen Kesselhaus geleitet werden, wo sie ihre Temperatur an Wasser abgeben und es verdampfen lassen. Der Dampf wiederum treibt Turbinen und Generatoren an. Die zweite, aufwendigere Möglichkeit besteht darin, Wasser in Bohrlöcher zu pressen und es auf die vorberechnete Reise durch ein unterirdisches geothermisches Labyrinth zu schicken. An anderer Stelle tritt das

Kraftwerksanlagen aller Arten und in allen Erdteilen hat Mitsubishi im Lauf der Jahre errichtet.

durch Erdwärme mittlerweile verdampfte oder wenigstens stark erhitzte Wasser wieder aus und steht für die Energiegewinnung zur Verfügung. Ein Zweig von Mitsubishi Heavy Industries hat sich auf die Entwicklung geothermischer Kraftwerke spezialisiert und mittlerweile mehr als vierzig dieser Anlagen ins Ausland exportiert.

Kernkraft

Japan ist, wie schon erwähnt, eines der bodenschatzärmsten Länder der Erde. Wasserkraft steht in den unwegsamen Regionen der Gebirge ebenfalls kaum zur Verfügung; alternative Möglichkeiten der Energiegewinnung konnten den gewaltigen Elektrizitätsbedarf der aufstrebenden Industrie Japans nicht decken. Die sichere und zuverlässige Nutzung der Kernenergie war daher eines der wichtigsten Ziele der jungen Nation. Mitsubishi war von Anfang an bei Entwicklung und Bau der verschiedenen Kraftwerkstypen dabei, heute liefern sie 45 Prozent der gesamten durch Kernkraft erzeugten Energiemenge in Japan. Die neuartigen, von Mitsubishi Electric entwickelten Kontroll- und Überwachungssysteme sollen helfen, Störungen im Kraftwerksbetrieb auszuschließen. Bis heute ist es dank aufwendiger Sicherheitsmaßnahmen zu keinem gefährlichen Zwischenfall gekommen.

An den Forschungen im Bereich der Kernfusion, die das bisherige Prinzip der Kernspaltung im nächsten Jahrhundert ersetzen soll, sind Mitsubishi-Unternehmen ebenfalls wesentlich beteiligt. Die Plasmaversuchsanlage JT-60 im Mitsubishi-Versuchszentrum für Kernfusion wird bei anhaltendem Erfolg das Modell für die Energieversorgung Japans im nächsten Jahrhundert sein.

Kohleverflüssigung

Kohlevorkommen sind im Vergleich zu den weltweiten Erdölvorräten sehr viel umfangreicher und gleichmäßiger im Boden verteilt. Als Energiequelle ist Kohle in ihrer bekannten Form allerdings nur bedingt geeignet. Beim Verbrennen hinterläßt sie schädliche Rückstände, die sich nur unter großem Aufwand aus den Abgasen herausfiltern lassen. Die Forschung konzentriert sich daher auf Verfahren, mit denen Kohle verflüssigt und somit wesentlich umweltschonender zur Energiegewinnung eingesetzt werden kann. Mitsubishi Heavy Industries betreibt in Nagasaki eine Versuchsanlage, die täglich eine Tonne Kohle verflüssigt. Unter hohem Druck und hohen Temperaturen wird dort der festen Kohle Wasserstoff zugesetzt und so verflüssigt. Eine andere Möglichkeit bietet das Mischverfahren, bei dem die Kohle pulverisiert und anschließend mit Öl oder Wasser vermischt wird. Die von Mitsubishi Heavy Industries umgerüsteten Anlagen im Tokioter Heizkraftwerk Yokosuka arbeiten bereits seit mehreren Jahren erfolgreich mit einer Kohle/Öl-Mischung.

Im Bereich der flüssigen Energieelemente forscht Mitsubishi derzeit in Zusammenarbeit mit deutschen Unternehmen, um Treibstoff wie Benzin oder Öl mit Hilfe von Bakterien synthetisch herzustellen.

Raumfahrt

Die Erschließung des Alls, Forschungsstationen im Weltraum oder die Besiedelung anderer Planeten sind lange schon Menschheitsträume gewesen. Was Jules Verne im vergangenen Jahrhundert mit seiner Reise zum Mond als kühnen Blick in die Zukunft beschrieben hat, ist längst Wirklichkeit geworden. Auch in Japan hat die Raumfahrtentwicklung seit Beginn der achtziger Jahre an Bedeutung gewonnen. 1981 wurde eine großangelegte Initiative begonnen, um der wachsenden Nachfrage nach Satellitenkommunikation zu begegnen. Bereits im August 1987 erreichte ein japanischer Testsatellit ohne Komplikationen seine Umlaufbahn um die Erde. Der schnelle Erfolg wurde freilich erst durch enge Zusammenarbeit möglich: Die erste und dritte Stufe der N-I-Trägerrakete war mit dem Antrieb der Thor-Delta-Rakete der amerikanischen Raumfahrtbehörde NASA identisch. Die zweite Stufe jedoch war ein rein japanisches Produkt.

Neben der Entwicklung weiterer Raketentriebsätze wird in Japan derzeit die Produktion von Satelliten vorangetrieben. Wärmeleit- und Steuersysteme stehen ebenfalls auf dem Programm der Forschungsinstitute. Die langfristige Planung sieht das Experimentiermodul einer Weltraumstation vor, an dessen Entwicklung Mitsubishi Heavy Industries, Mitsubishi Electric und Mitsubishi Corporation aufgrund ihrer zur Verfügung stehenden hochentwickelten Raumfahrttechnologie maßgeblich beteiligt sind.

Auch beim Thema Raumfahrt spricht Mitsubishi nicht nur in Japan ein gewichtiges Wort mit.

Trägerraketen

»Raketen sind letztlich nichts anderes als Lastwagen für den Weltraum«, heißt es etwas flapsig in den Forschungslabors und auf dem Weltraumbahnhof der National Space Development Agency (NASDA), der japanischen Raumfahrt-Agentur. Tatsächlich wird die Leistungsfähigkeit von Raketenträgersystemen für die Erschließung des Weltalls in erster Linie an der Nutzlast gemessen – und natürlich an der Zuverlässigkeit. Ein Zwischenfall kann auch in der unbemannten Raumfahrt fatale Folgen haben. Doch damit hat man in Japan anscheinend keine Schwierigkeiten: Alle Starts waren von hoher Präzision und Sicherheit geprägt. Aber auch die Nutzlast der Raketensysteme konnte in den vergangenen Jahren wesentlich erhöht werden. Ganze 130 Kilogramm transportierte die N-I, die erste Rakete, die vom japanischen Weltraumbahnhof Kagoshima abhob, ins All. Dies reichte für den Satelliten »Ume« (Pflaume), einen künstlichen Himmelskörper zur Beobachtung der Ionosphäre, und bei einem weiteren Start für »Ayame« (Schwertlilie), einem experimentellen geostationären Kommunikationssatelliten.

Die Nutzlast des Nachfolgesystems, der N-II-Rakete, war bereits mehr als doppelt so groß. Die Zahl der Starthilfe-Feststoffraketen wurde von drei auf neun erhöht, die einzelnen Stufen bekamen ein anderes Volumen, um mehr Treibstoff fassen zu können. 350 Kilogramm Nutzlast konnte die N-II durch diese Maßnahmen in den Himmel liften. Zu den Satelliten, die von dem »Arbeitspferd« der japanischen Raumfahrt in eine stationäre Umlaufbahn gebracht wurden, gehören der Wettersatellit »Himawari« (Sonnenblume), der Rundfunk-Satellit »Yuri« (Lilie) und der experimentelle Nachrichten-Transmitter »Sakura« (Kirschblüte).

Doch auch diese erhöhte Nutzlast reicht den ehrgeizigen Weltraumpionieren der NASDA nicht aus. Die jüngste Entwicklung ist die sogenannte H-Rakete, die in den Triebwerken flüssigen Wasserstoff verbrennt und stattliche 550 Kilogramm transportieren kann. Das Kernstück dieser Rakete ist ihre zweite Stufe mit dem in Japan entwickelten LE-5-Triebwerk, welches in gleicher Form auch für das Apollo-Mondlandeprogramm der NASA und für die Ariane-Rakete der Europäischen Weltraumorganisation (ESA)

benutzt wird. Für Planung und Konstruktion des LE-5-Triebwerks war Mitsubishi Heavy Industries verantwortlich. Doch auch die Wasserstoffrakete soll bald einen Nachfolger bekommen. Die H-II-Rakete wird im Gegensatz zu ihren Vorgängern nur aus zwei Stufen bestehen und eine Nutzlast von fast einer Tonne haben. Mitsubishi-Unternehmen arbeiten bereits an der Entwicklung einer neuen ersten Stufe, die mit einem Flüssigwasserstoff/Sauerstoff-Triebwerk Schub erzeugt. Die H-II wird 46 Meter lang sein und bei einem Durchmesser von 4 Meter ein Abhebe-Gewicht von 240 Tonnen haben. Der erste Start der H-II ist für Mitte der neunziger Jahre im Tanegashima Space-Center vorgesehen.

Das von Mitsubishi Corporation und Mitsubishi Electric Corporation gemeinsam gegründete Unternehmen »Space Communications Corporation« (SCC) bringt eigene Kommunikationssatelliten wie diesen »Superbird« in Erdumlaufbahnen.

Steuersysteme

Um künstliche Satelliten in den gewünschten Orbit zu bringen, müssen die Steuersysteme der Trägerraketen und die Lageregelung des Satelliten selbst hochpräzise funktionieren. Eine nicht korrigierbare Lageabweichung von wenigen Millimetern macht den Himmelskörper völlig wertlos. Diesen Steuersystemen kommt daher eine sehr wichtige Aufgabe zu. Die wesentlichen Elemente der Lenksysteme bestehen aus Kreiseln, elektronischen Steuerungen und Navigationscomputern. Seit dem Start des ersten japanischen Satelliten «Oshumi« entwickelt und baut Mitsubishi Precision Startraketen-Lenksysteme sowie bodenunterstützte Regeleinrichtungen für die am Institut für Luft- und Raum-

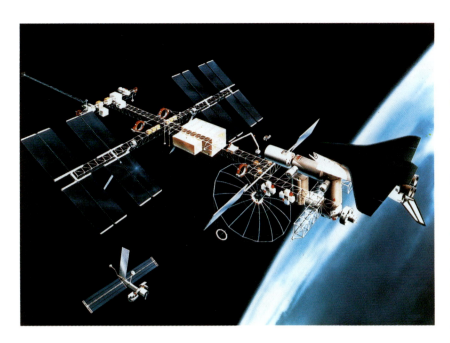

26 Mitsubishi-Firmen arbeiten an der Entwicklung eines japanischen Weltraum-Labors mit, das an die Station der Amerikaner angekoppelt werden soll.

fahrtwissenschaften der Universität Tokio sowie die vom Institut der staatlichen Raumfahrtforschung entwickelten Satelliten.

Für die Raumfahrtprojekte der NASDA wurde außerdem mit dem sogenannten »abgestimmten Rotorkreisel« ein neuer Kreiseltyp entwickelt, der aufgrund seiner hochpräzisen und funktionssicheren Arbeitsweise sowie wegen seines geringen Gewichts für die Trägheitsnavigation der Satelliten völlig neue Möglichkeiten bietet.

Satelliten

Im Weltraum existieren weder Luft noch Gewicht. Während die Schwerelosigkeit für die Bewegung und Arbeitsweise der Satelliten von Vorteil ist, wirken im luftleeren Raum verschiedene Einflüsse nachteilig auf die künstlichen Himmelskörper ein. Die Wärmestrahlung ist neben der Gefahr von Meteoriten-Einschlägen eines der größten Probleme. Zwar herrschen im All erhebliche Minusgrade – die Temperatur liegt bei etwa minus 250 Grad; dies liegt jedoch nur daran, daß Wärmestrahlen erst wirken, wenn sie auf Hindernisse treffen. Ein Satellit ist solch ein Hindernis. Durch das Fehlen der Luft können erwärmte Körper allerdings die empfangene Aufheizung nicht abgeben, in ihrem Inneren steigt die Temperatur daher immer weiter. Im Weltraum absorbiert ein Quadratmeter Fläche etwa 1,4 Kilowatt Wärmeenergie, verglichen mit einem Kilowatt auf der Erde. Hinzu kommt die Betriebstemperatur der verschiedenen Geräte innerhalb des Satelliten, die, wenn sie nicht abgeleitet werden kann, zu erheblichen Funktionsstörungen führt. Eine zuverlässige Kühlung des Satelliten-Kubus ist daher Voraussetzung für störungsfreien Betrieb. Mitsubishi Electric hat für die NASDA einen optischen Solarreflektor (OSR) entwickelt, der das Eindringen von Sonnenwärme in den Satelliten verhindert. Um den Anstieg der Temperatur durch Betriebswärme zu vermeiden, reicht dieses System allerdings nicht. Deshalb wurde eine zusätzliche, »heat pipe« (Wärmerohr) genannte Kühlanlage konstruiert. In diesem Wärmerohr wird künstlich jener Wirbeleffekt simuliert, der auch in Taifunen auftritt. Die Saugwirkung dieses Wirbels sorgt für die Zirkulation des Kühlmittels (Alkohol oder Ammoniak), das als Transportmedium die Hitze aus dem Inneren des Satelliten an eine außenliegende Wabenplatte ableitet. Die leistungsfähigen Kühlsysteme werden für Kommunikationssatelliten und Raumstationen Verwendung finden.

Neben der Entwicklung dieser Zusatzaggregate war Mitsubishi Electric auch mit der Konstruktion des Kommunikationssatelliten »Sakura 3-a« beauftragt, der seit August 1986 seine Position in 36 000 Kilometer Höhe auf dem 132sten östlichen Breitengrad über dem Äquator erreicht hat. Von dort aus wirft der künstliche Himmelskörper einen Sendekegel auf die Erde, der die gesamten japanischen Inseln abdeckt. Seitdem nutzen Polizei, Feuerwehr, Telefongesellschaften, die japanischen Eisenbahnen, Energieversorger und die Post Sakura 3-a als wichtigsten Stützpunkt der Satellitenkommunikation. Der 550 Kilogramm schwere Orbiter wurde aus hochfestem, kohlefaserverstärktem Kunststoff gebaut und besitzt die Übertragungskapazität von rund 6000 Telefonleitungen. Der Satellit soll aufgrund seiner hohen Zuverlässigkeit auch als Mittel des Katastrophenschutzes eingesetzt werden: Bei Naturkatastrophen wie etwa Erdbeben dient er der Informationsübertragung, wenn bodengestützte Systeme längst durch Beschädigung ausgefallen sind.

Weltraumstation

Nachdem die amerikanische Regierung die Pläne zur Errichtung einer Raumstation in einem Erdorbit von etwa 500 Kilometer bekanntgegeben hatte, folgte bald ein Angebot an die japanische Raumfahrtbehörde, sich an diesem Projekt zu beteiligen. Seit 1985 arbeiten japanische Wissenschaftler und Forscher an den Plänen für einen Teil dieser Station, dem »Versuchs-Modul Japan«. 26 Unternehmen des Mitsubishi-Firmenverbunds sind an der Entwicklung des Weltraum-Labors beteiligt. Es soll als autarke Einheit an die Station der Amerikaner angekoppelt werden und zur Untersuchung neuer Produktionsverfahren unter Bedingungen der Schwerelosigkeit dienen. Geplant sind unter anderem Versuche im Bereich der Werkstofforschung und der Biotechnologie. Das Labor soll aus mehreren Arbeitsbereichen bestehen: Ein Abschnitt wird als Druckbehälter konzipiert, in dem Wissenschaftler ihre Experimente vorbereiten können. Im zweiten Abschnitt sollen verschiedene Versuchsanordnungen unter dem Einfluß des Raumvakuums arbeiten.

Der dritte Bereich ist eine außen angebrachte Arbeitsplattform mit einem Roboterarm, auf der Versuche der im All vorhandenen Strahlung ausgesetzt werden. Die Raumstation soll zudem als Basis für weitere Expeditionen in den Weltraum dienen.

Meeresforschung

Obwohl sich der größte Teil der Meeresforschung auf die flachen Gewässer über den Kontinentalschelfen konzentriert, ist das Interesse an Expeditionen in tiefe Meeresgebiete gewachsen. Hierzu werden Tiefsee-Forschungsboote benötigt, die dem gewaltigen Druck in großen Tiefen widerstehen können. Schließlich wächst der Druck pro 10 Meter Tiefe um eine Einheit, ein Tauchboot wird bei einer Tiefe von 2000 Meter also mit 200 Atmosphären Druck belastet. Die Tiefseeforschung ermöglicht Einblicke in die biologischen Vorgänge auf den Meeresböden, kann aber auch geologische Daten liefern. So werden zum Beispiel hydrothermale Lager entdeckt, die in Zukunft möglicherweise als Energiequelle dienen können. Auch Veränderungen auf dem Meeresboden, die für die Erdbebenfrühwarnung hilfreich sind, können von Tiefseetauchbooten aufgespürt und analysiert werden. Eine weitere Möglichkeit zur Entdeckung unterseeischer Rohstoff- oder Energielager ist die Erkundung von der Wasseroberfläche aus. Hierzu wurden ozeanographische Forschungsschiffe eingesetzt, die mit Ultraschallwellen und Sonargeräten den Meeresboden abtasten. Wenn Rohstoffvorkommen wie Manganknollenlager oder Erdölfelder entdeckt werden, bedarf es einer hochentwickelten Technik, um diese Bodenschätze abzubauen. Bohrinseln und Förderplattformen sind heute weltweit im Einsatz, Ernteschiffe zum Abbau der Manganknollenvorkommen in der Entwicklungsphase.

Tieftauchforschungsboote

1933 baute Mitsubishi das erste Tieftauchboot der Welt. Die Leistungsfähigkeit der »Kaiyo« war für die damaligen Verhältnisse unvorstellbar: Bis in einer Tiefe von 1000 Meter konnte der Vorläufer aller Tiefsee-Forschungsgeräte operieren. Zum Vergleich: Den militärischen U-Booten im Zweiten Weltkrieg garantierten die Werften 90 Meter Tauchtiefe, in einzelnen Fällen überstanden die Boote Fahrten in 300 Meter Tiefe.

Anfang der achtziger Jahre lief die »Shinkai 2000« bei der Schiffswerft von Mitsubishi Heavy Industries in Kobe vom Stapel. Das Tauchboot der 2000-Meter-Klasse unternahm 1983 seine erste Forschungsfahrt in der Bucht von Toyama;

Mitsubishi baute 1933 die »Kaiyo«, das erste Tieftauchboot der Welt.

1981 folgte mit »Shinkai 2000« ein weiteres U-Boot für die Wissenschaft.

Mit dem jüngsten Projekt soll es in bisher unerforschte Tiefen bis zu 6500 Meter hinabgehen.

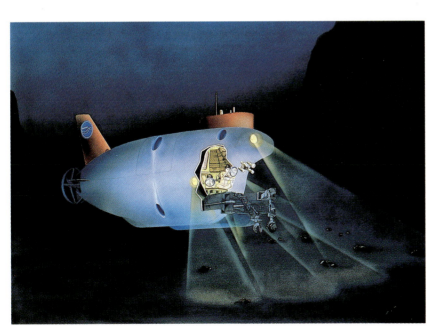

erfolgreiche Einsätze in Suruga, Sagami und auf hoher See folgten bald darauf. Dennoch könnten mit der »Shinkai 2000« nur etwa 30 Prozent des japanischen 200-Meilen-Seebereiches erforscht werden. 70 Prozent der Meeresböden innerhalb der Hoheitsgewässer liegen mehr als 2000 Meter unter der Wasseroberfläche. Dieser Bereich ist für die »Shinkai« aus Sicherheitsgründen nicht erreichbar. Eine große Zahl der Manganknollenvorkommen und hydrothermalen Lager befinden sich jedoch im Tiefenbereich zwischen 2500 und 6000 Meter. Mitsubishi Industries wurde aufgrund des erfolgreichen und störungsfreien Betriebs der »Shinkai 2000« mit der Entwicklung eines neuen Tauchbootes beauftragt, diesmal einem Tiefseeforschungsboot der 6000-Meter-Klasse. Das 9,5 Meter lange, 3,2 Meter hohe Untersee-Vehikel aus Titan sinkt mit einer Geschwindigkeit von 45 Meter pro Minute, braucht also etwas mehr als zwei Stunden, um in die finsteren Tiefen vorzudringen. An Bord haben drei Wissenschaftler Platz; ihre Arbeitsplätze sind mit modernen elektronischen Hilfsmitteln wie Sonargeräten und optischen Analyseeinrichtungen ausgestattet.

Ozeanographisches Forschungsschiff

Für das an Bodenschätzen arme und vom Import solcher Metalle wie Nickel, Kobalt und Kupfer abhängige Japan ist die Erforschung der Manganknollenvorkommen besonders wichtig. Die in 2500 bis 6000 Meter Tiefe vorhandenen Manganknollen enthalten alle diese wichtigen Rohstoffe. Die unterseeischen Bodenschätze werden derzeit auf etwa 200 Milliarden Tonnen Mangan, neun Milliarden Tonnen Nickel, fünf Milliarden Tonnen Kupfer und drei Milliarden Tonnen Kobalt geschätzt. Um die Forschung in diesem Bereich zu beschleunigen, beauftragte die staatliche Metal Mining Agency die Shimonoseki-Schiffswerft von Mitsubishi Heavy Industries mit dem Bau eines ozeanographischen Forschungsschiffs. Die »Hakurei Maru II« lief 1980 vom Stapel und liefert seit seiner Fertigstellung genaue Daten über Beschaffenheit und Menge der Manganknollenlager. Das 89 Meter lange Schiff hat eine Verdrängung von 2111 Bruttoregistertonnen und ist mit einem Tiefsee-Präzisionstiefenlot und einer Mehrfrequenz-Ultraschallsondenanlage ausgestattet. 37 Mann Besatzung und 24 Wissenschaftler kreuzen mit der »Hakurei Maru II« über alle Weltmeere und bereiten den umweltverträglichen Abbau der Manganknollenfelder vor.

Gerüstet gegen schweres Wetter

Ölbohrinseln und Förderplattformen sind heute bereits weltweit im Einsatz. In der Regel funktionieren sie störungsfrei, dennoch haben die Einflüsse von Wind und Wellengang bisweilen verheerende Folgen. Der Untergang einer Förderplattform kostet nicht nur viele Menschenleben, sondern hat auch erhebliche Verschmutzung des Meerwassers zur Folge. Mitsubishi Heavy Industries hat in den vergangenen Jahren umfangreiche Forschungs- und Entwicklungsanlagen errichtet, die helfen sollen, den Betrieb von Off-Shore-Anlagen sicherer zu machen. In riesigen Testtanks, die verschiedene Situationen wie Wellengang, Druck, die Struktur des Meeresbodens oder auch Ebbe und Flut simulieren können, werden die Bohr- und Förderinseln entwickelt und geprüft.

Die maritime Forschung der Mitsubishi-Unternehmen beschränkt sich freilich nicht allein auf die Entwicklung und den Bau von Öl-Abbauvorrichtungen. Schwimmende Lagereinrichtungen für Bodenschätze aller Art, Basen für Unterwasseroperationen, Relaisschiffe, Hochseefabriken und Meeresfreizeiteinrichtungen könnten das Element Wasser in Zukunft zum neuen Lebensraum für den Menschen erschließen.

Neue elektronische Medien

Mit der Erfindung der Eisenbahn, des Automobils und des Flugzeugs sind die Entfernungen auf unserem Planeten geschrumpft. Eine Reise, für die früher mehrere Wochen, ja Monate nötig waren, braucht man heute kaum mehr als ein paar Stunden. Die Errungenschaft der Mobilität war der erste Schritt zur besseren Verständigung zwischen den Völkern. Der zweite Schritt wird in unserer heutigen Zeit vollzogen. Die Möglichkeiten der hochentwickelten Kommunikation sind bei weitem noch nicht ausgeschöpft. Reisen, die aus Gründen der Kommunikation unternommen werden, dürften in Zukunft bald überflüssig sein. Das gute alte Telefon wird heute von jedem Kind bedient. Das Fernsehgerät bietet aktuelle Informationen aus aller Welt. Mittlerweile gehören Fernkopierer, Datenfernleitungen und Videokonferenzen zu den Alltäglichkeiten der Geschäftswelt. Die Errungenschaften der Satellitenkommunikation waren wegbereitend für alle diese neuen Medien. In Japan hat die Telekommunikation nach der Liberalisierung und Entstaatlichung der Kommunikationsindustrie neue Bedeutung bekommen.

Computer unter sich

Rechnersysteme sind das Herz jeder hochentwickelten Kommunikationsanlage. Sie erbringen ihren höchsten Nutzen allerdings nur, wenn sie kompatibel sind. Das heißt, sie sollten alle eine Sprache sprechen oder zumindest mit »Dolmetscherprogrammen« ihre unterschiedlichen Betriebssysteme untereinander verstehen können. Um die heute bekannten, unterschiedlichen Systeme zu vereinheitlichen, hat Mitsubishi Corporation mit IBM Japan und der Firma Cosmo Eighty die A. S. T.-Gruppe gegründet. Advanced Systems Technology (A. S. T.) soll die Planung und das Marketing von Programmen sowie Maschinen und Geräten für neue Medien im Bereich der »High-Level«-Kommunikation/Information übernehmen. Ein weiteres Unternehmen, Advanced Systems Technology Development (A. S. T. D.) soll sich mit der Entwicklung dieser Systeme und mit der Ausbildung von Fachkräften beschäftigen. Eines der Projekte der beiden Unternehmen ist das »Integrated Services Digital Network« (ISN), ein digitales Datennetz, das dem Benutzer die Möglichkeit der Information einerseits und des aktiven Handelns andererseits bietet. Mit diesem System können Fernkurse und Nachrichten empfangen, Bankgeschäfte, Reservierungen für Flugtickets oder Kinokarten gesendet werden.

Diese Riesen-Parabolantenne gehört zum weltumspannenden Netz der Satellitenkommunikation.

134

Ein weiteres Projekt ist die VAN-Forschung (Value Added Network). Dieses System soll die Kommunikation zwischen ungleichen Computern gewährleisten. In lokalen Computernetzen konnten bereits über 1000 unterschiedliche Rechnersysteme miteinander verbunden werden.

Programme durchs Kabel und über Satellit

Japan ist eine Nation, deren wirtschaftlicher Aufstieg durch Informationsbedürfnis und Lernbereitschaft geprägt ist. Daran hat sich bis heute nichts geändert. Fernsehen und Rundfunk sind unverzichtbare Einrichtungen. Mitsubishi Corporation (MC) bietet in Tokios Bezirken Chiyoda und Chuo einen industrieorientierten Kabeldienst an. Im Bezirk Minato wird der Kabelfernsehbetrieb in Zusammenarbeit mit Japan Cable Television unterhalten. Außerdem ist MC an einem Gemeinschaftsunternehmen beteiligt, das für den Musikbereich neue Computerprogramme entwickelt.

Maßstäbe für Großbildprojektion: Fernsehgeräte von Mitsubishi.

Unterhaltung auf High-Tech-Ebene

Mitsubishi Electric hat in den letzten Jahren in den Bereichen Bürokommunikation, der wissenschaftlich genutzten Kommunikation und der Unterhaltungs-Elektronik teilweise bahnbrechende Fortschritte erzielen können. Der neue Vier-Megabite-Chip ist ein Meilenstein auf dem Weg zur künstlichen Intelligenz und zugleich das Kernstück künftiger Computergenerationen. Heute schon liefert Mitsubishi Electric Großrechenanlagen, Personalcomputer, Laptop genannte tragbare Rechner und sämtliche Peripheriegeräte der elektronischen Datenverarbeitung wie Drucker, Scanner, Optical-Disk-Ausrüstung, Telefaxgeräte und Autotelefone mit Datenübertragungsmöglichkeiten. Die Industrie versorgt Mitsubishi Electric mit hochentwickelten CNC-gesteuerten Werkzeug- und Produktionsmaschinen, Rechnersystemen für Transferstraßen oder speziellen Meßcomputern.

Mittlerweile sind auch im semiprofessionellen Bereich und in vielen Haushalten Mitsubishi-Geräte zu finden. Der neue Videoprinter, ein computergesteuerter Farbkopierer, eröffnet kreativen Grafikern – Profis wie Amateuren – völlig neue Möglichkeiten. Auch die Fernsehgeräte von Mitsubishi haben für Großbildprojektionen Maßstäbe gesetzt. Prunkstück der Bildempfänger-Reihe ist derzeit ein Großgerät, das mit einer einzigen Bildröhre eine Schirmdiagonale von 95 Zentimeter bietet. Das »Heimkino« verfügt ebenso über einen ungewöhnlich leistungsstarken Audio-Teil. Die Endstufe der Tonwiedergabe leistet 2 × 50 Watt. Das Angebot an High-Fidelity-Geräten läßt kaum Wünsche offen, zahlreiche Auszeichnungen von Fachmagazinen und Expertengremien in der Bundesrepublik Deutschland bescheinigen den Mitsubishi-HiFi-Bausteinen hervorragende Leistungen.

Umweltschutz

In den siebziger Jahren gingen Japans Umweltprobleme durch die Schlagzeilen der Weltpresse: Als eines der höchstindustrialisierten und zugleich dichtbevölkertsten Länder der Erde stand der Inselstaat vor einer scheinbar unabwendbaren Umweltkatastrophe von verheerendem Ausmaß. Millionen von Kraftfahrzeugen verpesteten die Luft in den Städten. Aus den Kaminen der Kraftwerke quollen dicke Rußwolken, giftige Gase und Asche. Die medizinische Statistik verzeichnete einen deutlichen Anstieg von Erkrankungen der Atemwege. Die Luft in den Straßenschluchten der Metropole Tokio war besonders vor der schwülwarmen Regenzeit kaum mehr zu genießen.

Nur zehn Jahre danach, in den achtziger Jahren machte die Umweltbelastung in Japan wiederum Schlagzeilen. Diesmal allerdings mit positivem Hintergrund: Innerhalb eines Jahrzehnts fanden Politiker und Ingenieure vorbildliche Lösungen für alle Arten der Umweltprobleme. Bei der Bewältigung dieser Mammutaufgabe waren fast alle Mitsubishi-Firmen beteiligt. Mit gewaltigen Anstrengungen gelang es, die Produktion den neuen Anforderungen anzupassen.

Kat für Auto und Kraftwerk

Das Klima in Zentraljapan, wo 60 Prozent der 120 Millionen Landesbewohner leben, ist – anders als in Mitteleuropa – das ganze Jahr über relativ mild. Die Schadstoffbelastung der Luft stammt also weniger aus den Kaminen der Haushalte. Wesentliche Verschmutzer waren die großen Energie-Kraftwerke. Parallel zur Entwicklung des geregelten Katalysators für Automobile entstanden in Japan daher Anlagen zur Stickoxyd-Reduzierung (NOX) in den Schornsteinen der Großfeuerungsanlagen. Die erste Entstickungsanlage (DeNOx) für kohlegefeuerte Kessel wurde von Mitsubishi-Unternehmen entwickelt und in Betrieb genommen. Heute ist Mitsubishi auf diesem Gebiet der größte Anbieter von Umweltschutz-Technologie in Japan. Von den Erfahrungen der Umwelttechniker in Fernost profitieren mittlerweile auch Unternehmen in der Bundesrepublik. So produziert die deutsche BASF seit 1987 mit einer Lizenz von Mitsubishi Groß-Katalysatoren zur Rauchgaswäsche und gegen Stickoxyde aus Kraftwerksabgasen.

Transport und Verkehr

Reibungslos funktionierender Verkehr ist eine der wichtigsten Voraussetzungen für eine florierende wirtschaftliche Entwicklung. Die Mitsubishi-Unternehmen sind in allen wesentlichen Bereichen des Verkehrs- und Transportwesens erfolgreich vertreten. Passagiersteige auf Flughä-

Die Kita-Bisan-Brücke verbindet Shikoku, ein vorgelagertes Eiland, mit Japans Hauptinsel Honshu. Die mittlerweile von Mitsubishi Heavy Industries in Zusammenarbeit mit anderen Firmen fertiggestellte Konstruktion ist mit 1538 Metern Spannweite die größte Eisenbahn-/Autobahn-Hängebrücke der Welt.

fen stammen von Mitsubishi, ebenso Containerterminals, Frachtwaggons, Hochbahnen und experimentelle Individualverkehrssysteme. Auch der Brückenbau ist ein wichtiger Zweig von Mitsubishi Heavy Industries. Ebenso findet man alle Arten von Fluggeräten – Hubschrauber, Militär- und Verkehrsmaschinen-, Baumaschinen sowie Fracht- oder Hochgeschwindigkeitszüge für den Schienenverkehr in der riesigen Produktpalette.

Mitsubishi schlägt Brücken

Japan ist ein Inselstaat, der nationale Straßen- und Schienenverkehr kann nur durch aufwendige Brückenkonstruktionen gewährleistet werden. Das Landesinnere dagegen ist von schroffen, bis zu 3700 Meter in den Himmel wachsenden Höhenzügen wie denen des Mikuni- oder Ou-Gebirges durchzogen. Viele Brückenverbindungen zu den kleinen, der Hauptinsel Honshu vorgelagerten Inseln und zwischen den Hauptstädten im Landesinneren wurden von Mitsubishi-Unternehmen geplant, berechnet und gebaut. Trotz erheblicher Erdbebengefährdung mußte bis heute keine dieser wirtschaftlich wichtigen Brückenverbindungen längere Zeit gesperrt und erneuert werden.

In Europa konnte Mitsubishi Heavy Industries (MHI) das erlernte Know-how als Führer eines Unternehmenszusammenschlusses türkischer, italienischer und japanischer Unternehmen einsetzen: MHI erhielt den Zuschlag für die Planung und den Bau einer zweiten Straßenbrücke über den Bosporus. Das 551-Millionen-Dollar-Bauwerk wird mit 1480 Meter Länge die zweite feste Verbindung zwischen Europa und Asien werden und den Autoverkehr in acht Fahrspuren 56 Meter über der Wasseroberfläche führen.

Fern, schnell, gut

Während im Europa der sechziger Jahre erste Gedanken an ein internationales Schnellbahnnetz kaum vorhanden sind und vorsichtig Geschwindigkeiten um 200 Kilometer in der Stunde erprobt werden, verkehren die japanischen Shinkansen-Hochgeschwindigkeitszüge seit 1964 mit einem Reisetempo bis zu 220 Kilometer in der Stunde reibungslos und unfallfrei. Mitsubishi Electric und Mitsubishi Heavy Indu-

Zu den japanischen »Shinkansen«-Superschnellzügen liefern diverse Mitsubishi-Firmen ihren Beitrag.

stries liefern wichtige Bauteile der Superzüge, die im 10-Minuten-Takt die japanischen Großstädte miteinander verbinden. Doch der nächste Schritt ist bereits in Vorbereitung!

Die kürzlich privatisierten japanischen Eisenbahnen erproben derzeit in Zusammenarbeit mit Mitsubishi Corporation einen neuen Super-Zug, der Geschwindigkeiten bis 420 Kilometer in der Stunde erreichen soll. Sein Antrieb basiert auf dem Prinzip der Supraleitfähigkeit. Bei Temperaturen unter minus 273 Grad Celsius verlieren bestimmte Leitermaterialien ihren Eigenwiderstand; der elektrische Strom fließt also theoretisch unendlich lange, ohne an Stärke zu verlieren. Ein Nebeneffekt dieser Entdeckung ist, daß die Elektrizität dann ein extrem starkes magnetisches Feld erzeugt. Da sich zwei gleich gepolte Elektromagneten mit großer Kraft abstoßen, wird dieses magnetische Polster als Gleitfläche für den Shinkansen-Experimental genutzt. Der Zug schwebt also ohne Grundberührung über der als Stromversorger dienenden Schiene. Experten des Unternehmens planen bereits Magnet-Züge, die schneller als 500 Kilometer in der Stunde fahren können.

Über den Wolken...

Mitsubishi ist einer der traditionsreichsten Flugzeughersteller der Welt. Bereits 1921 rollte das erste Mitsubishi-Flugzeug aus dem Hangar; auch das erste japanische Verkehrsflugzeug, die MC 1, trug die Drei Diamanten auf Rumpf und Tragflächen. 1939 startete die zweimotorige Nippon 60 zu einem Rekordflug rund um die Erde.

Als Kriegsfolge war der Flugzeugbau in Japan bis Mitte der fünfziger Jahre verboten. Mitsubishi

Die Elektromagnete für diesen bis zu 420 km/h schnellen Experimentierzug lieferte die Mitsubishi Electric Corporation.

138

produzierte als erstes Nachkriegsflugzeug Anfang der sechziger Jahre die erfolgreiche YS 11, eine zweimotorige Verkehrsmaschine mit sechzig Sitzplätzen, die heute noch in Teilen Asiens unverwüstlich ihren Dienst tut. Später konzentrierte sich der Flugzeugbereich innerhalb Mitsubishi Heavy Industries auf Konstruktion und Bau von Geschäftsflugzeugen. Die Diamond I, ein erfolgreicher Geschäfts-Jet, entlockt sogar erfahrenen Linienpiloten Bewunderung. Dem 14sitzigen Flugzeug werden höchste Wirtschaftlichkeit, hervorragende Flugeigenschaften und mustergültige Verarbeitung bescheinigt. Sie wird heute von Beechcraft hergestellt.

Die Tradition von Mitsubishi als erfolgreicher Flugzeughersteller reicht freilich weit vor den Verkaufsstart der Diamond I zurück. Nur so ist es zu erklären, daß bereits vor dem Produktionsbeginn, als der zweistrahlige Jet erst langsam auf dem Reißbrett der Konstrukteure entstand, Hunderte von Bestellungen vorlagen. Mittlerweile erklimmt auch das kleinere Schwestermodell, die Diamond II, die Karriereleiter. Sie bietet sechs bis acht Sitzplätze, erlesenen Komfort, üppiges Raumangebot und fliegt mit einer Reisegeschwindigkeit von 830 Kilometer in der Stunde. Mit der MU2-Solitair und der MU2-Marquise hatte Mitsubishi Heavy Industries zwei weitere, kleinere Geschäftsflugzeuge im Programm. Diese Typen werden von modernen Propellermotoren angetrieben. Die MU2 ist mit knapp 700 Kilometer in der Stunde das schnellste Turbofan-Propellerflugzeug der Welt.

Für die japanische Luftwaffe produziert Mitsubishi Heavy Industries den Jäger F-1, das Trainingsflugzeug T-2 und in Zusammenarbeit mit den Amerikanern die F-15J. Der Helikopter HSS-2 wird aufgrund seiner hohen Betriebssicherheit von der Marine und Katastrophenschutzorganisationen eingesetzt. Ebenfalls in Kooperation mit amerikanischen Unternehmen arbeitet Mitsubishi Heavy Industries am Nachfolgemodell des F-16-Kampfflugzeugs, dem mit Elektronik bestückten FSX.

Auf dem Wasser

Die Wiege von Mitsubishi war eine Reederei, die sich um die Jahrhundertwende mit revolutionären Neuheiten bei Schiffskonstruktionen einen

Erfolgreicher Geschäfts-Jet: Mitsubishis »Diamond I«.

Mit ihren beiden Garrett-Turbinenmotoren und rund 1000 PS Leistung erreicht die MU 2 eine Reisegeschwindigkeit von rund 540 km/h und bietet neben dem Piloten sieben Passagieren Platz.

Namen machte. Dieser wichtige Geschäftszweig – Entwicklung und Bau moderner Wasserfahrzeuge – besteht nach wie vor. Mitsubishi ist mit den größten Werften in allen bedeutenden Hafenstädten Japans vertreten. In anderen asiatischen Ländern und in Amerika kooperiert Mitsubishi Heavy Industries mit dort ansässigen Firmen, hilft bei Konstruktion und Verkauf der Schiffe. Frachter, Tanker, Fähren und Luxusliner – Schiffe aller Art laufen heute bei den Mitsubishi-Werften vom Stapel. Besonders dicke Brocken sind der Öltanker »Champagne« mit 166 277 Bruttoregistertonnen und die »Gas-Libra«, mit 77 500 Bruttoregistertonnen einer der größten Gastanker der Welt. Auch Luxusjachten, Forschungsschiffe, Bohrinseln und schwimmende Fabriken gehören zum Programm der Mitsubishi-Werften. Für die Marine liefert das Unternehmen Begleit-Fregatten der »Asakaze«- und Unterseeboote der »Yushio«-Klasse.

Das mit einer Millionen Tonnen Bruttoregistertonnen Baukapazität größte Trockendock der Welt befindet sich in Nagasaki – auf dem Gelände der Werft von Mitsubishi Heavy Industries. Bis zu drei Großschiffe können in der einen Kilometer langen und 100 Meter breiten Anlage gleichzeitig gebaut werden; der gewaltige Brückenkran – ebenfalls von MHI – wäre mit seiner Tragfähigkeit imstande, das japanische Parlamentsgebäude hochzuheben und zu versetzen.

Die jüngste Entwicklung der Schiffbau-Abteilung bei Mitsubishi Heavy Industries ist ein superschnelles Containerschiff, das in naher Zukunft dem Luftfrachtverkehr Konkurrenz machen soll. In fünf bis zehn Jahren soll der »Sonic-Carrier« einsatzbereit sein. Die Verwendung neuester Forschungergebnisse anderer Mitsubishi-Unternehmen und die konsequente Nutzung von Computer-Berechnungen sollen den Superfrachter zum schnellsten kommerziell eingesetzten Schiff der Welt machen. Voraussichtlich wird der »Sonic-Carrier« auf einem Luftkissen schweben, gegenüber dem derzeitigen Hovercraft-Prinzip jedoch von Wind und Wellengang unabhängig sein. Die angestrebte Reisegeschwindigkeit des Frachters liegt bei 100 Knoten, also mehr als 180 Kilometer in der Stunde.

Aber auch der Seekrankheit möchten die findigen Schiffbauer bei Mitsubishi endlich den Garaus machen. Dabei setzen sie nicht auf Pillen und Mixturen mit umstrittener Wirkung, sondern packen das Übel an der Wurzel. Die »Ukishiro« ist das erste Schiff der Welt mit einer lagestabilen Passagierkabine, HSCC genannt. Der Katamaran-Rumpf des 12,7 Meter langen Schiffs ist bepackt mit elektronischen Rechnern und Sensoren, die Form, Richtung und Lage des Wellengangs speichern. Hydropneumatische Aufhängungen der Kabine sorgen dafür, daß die Passagiere von all der Bewegung unter ihnen nichts bemerken. Bis zu einem Meter hohe Wellen bügelt die »Ukishiro« dank ihres Ausgleichsmechanismus glatt.

Bei den Mitsubishi-Werften läuft von den dicksten Öltankern bis zum hochmodernen Passagierdampfer »Sunshine-Fuji« alles vom Stapel, was schwimmen kann.

Sehen so die Kreuzfahrtschiffe der Zukunft aus – mit Katamaran-Rumpf gegen Seekrankheit?

Die Zukunft hat schon begonnen

Das Automobil ist nach wie vor das beliebteste Verkehrsmittel unserer Zeit. Denkbare Alternativen sind bislang nicht in Sicht. Mitsubishi Motors und die befreundeten Unternehmen arbeiten jedoch gemeinsam an erfolgversprechenden Verkehrskonzepten für die Zukunft. Zu Lande, zu Wasser und in der Luft können im nächsten Jahrtausend Fahr- oder Flugzeuge unterwegs sein, die neben einer perfekten Umweltverträglichkeit höchste Effizienz bei der Beförderung von Personen oder Gütern bieten. Zwar werden Entfernungen weiter schrumpfen, Geschäftsreisen dank neuer Kommunikationstechnologien zum Teil überflüssig werden, trotzdem ist die weitere Entwicklung von Verkehrssystemen eines der dringlichsten Ziele der Menschheit.

Der Wunsch, mobil zu sein und es auch zu bleiben, obwohl der ständig wachsende Fahrzeugfluß des Individualverkehrs das Straßennetz bis zur Kapazitätsgrenze belastet, kann nur mit hochmoderner Technik bewältigt werden.

Neben vielen anderen Gemeinsamkeiten verbindet der Schiffsbau die Geschichte Mitsubishis mit der des japanischen Inselstaates. Das moderne Wirtschaftsgefüge Nippons basiert heute stärker denn je auf einem regen Handel mit dem Ausland, und der läßt sich kostengünstig und effektiv nur mit leistungsfähigen Seetransportsystemen aufrechterhalten. Das japanische Verkehrsministerium verfolgt seit 1985 ein Projekt, das für den Seetransport zukunftsweisend sein soll. Ein Experimentalschiff von

Revolutionäre Antriebssysteme, Hochgeschwindigkeitsfrachter – gerade im Schiffsbau hat sich Mitsubishi viel vorgenommen.

25 Meter Länge und 160 Tonnen Wasserverdrängung soll in den nächsten Jahren vom Stapel laufen. An der Entwicklung beteiligt sind gleich mehrere Unternehmen der Mitsubishi-Gruppe. Revolutionär soll vor allem der Antrieb der neuen Seetransporter sein: Die elektromagnetischen Schiffsmaschinen arbeiten nach dem Prinzip von »Flemmings Law«. Dieses physikalische Gesetz besagt, daß eine dritte Kraft entsteht, die senkrecht zu den Feldlinien zweier Magnetfelder wirkt, wenn diese im rechten Winkel von elektrischen Strömen gekreuzt werden. Dies mag äußerst kompliziert klingen und ist in der Praxis auch nur unter großem technischem Aufwand realisierbar. Betrachtet man die Arbeitsweise jedoch anhand eines Versuchsaufbaus, leuchtet der revolutionäre Fortschritt dieses Antriebssystems schnell ein.

Das Versuchsschiff wird mit einem Elektromagneten im Heck ausgerüstet; er erzeugt das erforderliche Magnetfeld. Am gesamten Rumpf des Schiffes sind positive und negative Elektroden angebracht; sie leiten den Strom durch die Feldlinien des Magneten. Durch das Kreuzen des Magnetfeldes entsteht nun die von Flemming berechnete dritte Kraft, die das Wasser beständig nach hinten, also zum Heck des Schiffes drückt. Der Schiffskörper wird praktisch vom Wasser abgestoßen und vorangetrieben. Für diese Art von Fortbewegung ist weder ein herkömmlicher Motor noch eine Schiffsschraube notwendig; der schwimmende Transporter wird absolut erschütterungsfrei und geräuschlos bewegt. Theoretisch können mit dieser neuen Technologie Geschwindigkeiten von weit mehr als 100 Knoten – über 180 Kilometer in der Stunde – erreicht werden. Die Leistungsgrenze herkömmlicher Antriebssysteme mit Schiffsschrauben liegt heute bei maximal 50 Knoten. Die Praxis zeigt jedoch, daß die Wissenschaftler der Mitsubishi-Unternehmen und der Universitäten noch weit vom angestrebten Ziel entfernt sind. Versuche amerikanischer Forscher wurden ohne Erfolg abgebrochen, das Versuchsschiff »ST 500«, das Anfang der achtziger Jahre mit einem elektromagnetischen Antrieb arbeitete, brachte es auf ganze 2,5 Kilometer in der Stunde Höchstgeschwindigkeit und eine Antriebseffizienz von 0,3 Prozent.

Doch auch die herkömmlichen heute bekannten Antriebssysteme standen der frühen Seefahrt nicht zur Verfügung. Die Weltumsegler des Mittelalters konnten nicht im Traum an Schiffsmaschinen denken, die nach dem Jet-Prinzip arbeiten, von Turbinen, die mit Hilfe von Atomreaktoren rotieren. Die Chancen für eine kommerzielle Nutzung des elektromagnetischen Schiffsantriebs werden zumindest von den staatlichen Stellen in Japan als sehr gut eingestuft. Mit einem Investitionsvolumen von fünf Milliarden Yen, das sind etwa 70 Millionen Mark, wird das Projekt unterstützt. Auch die Wissenschaftler selber sind optimistisch: In etwa zehn Jahren könnte der elektromagnetische Schiffsantrieb der zivilen Seefahrt zur Verfügung stehen.

Neben dem Schiffsverkehr könnten sich auch die Lebensmöglichkeiten in und auf dem Wasser verändern. Mitsubishi hat zu diesem Zweck eine neue Art von Meeresplattform entwickelt, die erheblich von heutigen Konstruktionen der Bohr- und Förderinseln abweicht. Der neue Typ der künstlichen Inseln im Ozean wird weder fest auf dem Meeresboden verankert, noch schwimmt er. Die neuen Plattformen sollen »halbbeweglich« sein, das heißt, sie reagieren mit Verzögerung auf Schwankungen des Meeresspiegels. Dieses Konzept vereint die Vorteile der bisherigen Systeme: Eine Plattform, die zwar begrenzt beweglich ist, aber nicht frei schwimmt, könnte alle durch Brandung, Wellengang oder Gezeiten verursachten Wasserbewegungen ausgleichen, liefe aber niemals in Gefahr, sich loszureißen oder umzustürzen. Das Prinzip der halbbeweglichen Insel ist einfach: Stahlrohre werden tief im Meeresboden verankert, münden allerdings nicht direkt in das Tragwerk der Insel. Sie laufen in kurzen Stahlfingern aus, die wie der Kolben in einem Zylinder in den Tragrohren der Insel auf und ab gleiten. Pneumokammern in den Verbindungen mindern die Bewegungsgeschwindigkeit der Plattform auf dem fest verankerten Gerüst. Ist ein Sturm im Anzug, werden die Kammern entlüftet, so daß die gesamte Konstruktion fest auf den Stahlfingern aufsitzt. Eine Verriegelung verbindet sie dann fest mit dem Fundament. Die günstigsten Einsatzbereiche für die neuen Inseln sind Meeresgebiete mit 10 bis 15 Meter Wassertiefe, also vor allem die küstennahen Bereiche der See. Dort könnten sie in naher Zukunft Freizeit- oder Wohnraum sein und für eine völlig neue Qualität des Lebens oder der Erholung sorgen.

Vom Highway ins All

Neben den Anstrengungen der Mitsubishi-Gruppe, mit neuen Trägerraketen und Raumstationen auch im Weltall den Lebensraum der Menschen zu erweitern, konzentriert sich die mittelfristige Forschung der Wissenschaftler auf die Verbesserung der landgestützten Transportmöglichkeiten. Innerhalb des Unternehmens spielt auf diesem Gebiet Mitsubishi Motors die tragende Rolle. Mit sensationellen Entwicklungen und Zukunftsstudien hat Mitsubishi Motors nicht nur einmal zeigen können, in welche Richtung der Schritt in die Zukunft führen wird. Dabei sind die Mitarbeiter vieler einzelner Forschungsgebiete bemüht, mit kleinen aber unverzichtbaren Teilerfolgen die wichtigen Ziele – Sicherheit, reibungsloser Verkehrsfluß und komfortable Transportsysteme – zu unterstützen. Wichtige Entwicklungen gelangen so in eine der vielen wissenschaftlichen Disziplinen der aerodynamischen Forschung. Hier hat Mitsubishi schließlich einige Erwartungen zu erfüllen. Bereits 1928 nahm das Unternehmen den ersten Windkanal in Japan in Betrieb. Die Folge der konsequenten Weiterentwicklung windschnittiger Formen – die freilich nicht dem Komfort der Fahrzeuginsassen schmälern dürfen – waren stromlinienförmige Automobile und Zweiräder, die bereits nach dem Zweiten Weltkrieg mit außerordentlich geringem Luftwiderstand über die Straßen rollten.

Die hohe Auslastung der wichtigen Verkehrsverbindungen und Fernstraßen erfordert heute eine umfangreiche Information des Fahrers. Hinzu kommt die wesentlich komplexer gewordene Fahrzeugtechnik, zahlreiche elektronische und mechanische Aggregate arbeiten vom Wagenlenker unbemerkt – so lange zumindest, bis sie unvermittelt ihren Dienst aufgeben. Dann stehen die Räder still, und es stellt sich die Frage, ob nicht durch bessere Kontrolle und somit Wartung der Ausfall hätte vermieden werden können. Also müssen alle wichtigen Funktionen eines Kraftfahrzeugs überprüft und gegebenenfalls dem Fahrer über Signale mitgeteilt werden. Darüber hinaus jedoch muß jeder Verkehrsteilnehmer mehr denn je auf andere Fahrzeuge achten. Ständig wechselnde Verkehrssituationen erfordern höchste Aufmerksamkeit. Um diese drei wichtigen Bereiche überwachen zu können, ohne jedoch durch aufdringliche und bisweilen überflüssige Signale vom Wesentlichen abgelenkt zu werden, braucht der Autofahrer einen ausgewogenen Informationsfluß. Mitsubishi kann auch auf die Fragen aus diesem Forschungsbereich antworten: Intelligente Navigations-, Informations- und Kommunikationssysteme für das Auto der Zukunft sind bereits bis zur Serienreife entwickelt worden.

Die elektronischen Medien werden auch bei Automobilen eine immer wichtigere Rolle spielen. Technisch bereitet es keine Schwierigkeiten mehr, den Bildschirm-Arbeitsplatz aus dem Büro in das Auto zu verlegen. Gerade im Transportwesen auf der Straße wurden die Möglichkeiten der Datenverarbeitung bisher stark vernachlässigt. Der Personalcomputer im Brummi könnte wie kein anderes System dazu beitragen, den Nutzen von Lastwagen zu verbessern, die Einsätze wirtschaftlicher und schneller zu machen. Aber auch im Personenwagen bieten Rechnersysteme und Datenfernübertragung wesentliche Vorteile; im gesamten Gebilde der modernen Kommunikation ist das Automobil immer noch das schwächste Glied. Die Stunden, die hochbezahlte Fachkräfte hinter dem Lenkrad ungenutzt im Stau oder einfach nur unterwegs verbringen, sind aus volkswirtschaftlicher und auch aus betriebswirtschaftlicher Sicht kaum mehr vertretbar. Wenn diese neuen Kommunikationstechniken akzeptiert werden, wird Mitsubishi Motors mit dem eigenen Know-how und dem der anderen Unternehmen innerhalb der Gruppe lei-

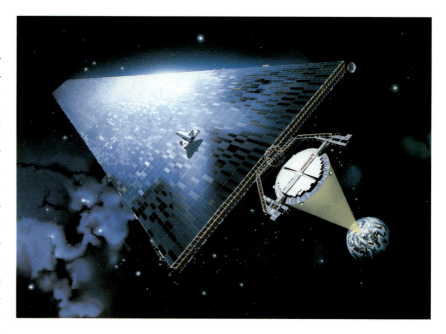

So stellen sich Mitsubishi-Forscher die Energieversorgung der Zukunft vor: Eine Solarzellen-Weltraumbank strahlt ihre gesammelte Energie über einen Parabolspiegel auf die Erde ab.

Das Armaturenbrett von morgen? Moderne Anzeigetechniken werden in den Labors auf Anwendernutzen und Zuverlässigkeit getestet (Bild rechts).

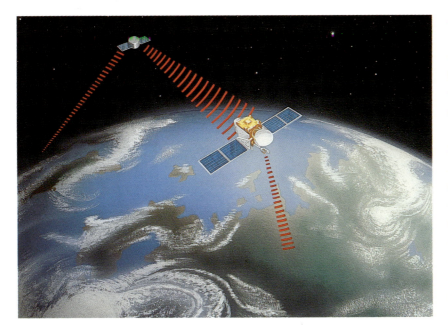

Datenfernübertragung gehört zu den wichtigsten Bestandteilen künftiger Verkehrssysteme.

Dem Wind ein Schnippchen schlagen

Hört man den Begriff Aerodynamik, ist das Wort Lastwagen wohl das letzte, was einem dazu einfällt. Brummis sind alles andere als windschlüpfig, so zumindest die landläufige Meinung. Die »Windwerker« bei Mitsubishi denken in diesem Punkt allerdings anders. Kaum ein Kraftfahrzeug auf den Straßen der Welt legt täglich mehr Kilometer zurück als ein Lastwagen. Laufstrecken von mehr als 100 000 Kilometer im Jahr sind keine Seltenheit. Nun spielt aber der Treibstoffverbrauch eine wesentliche Rolle für die Wirtschaftlichkeit eines Transportfahrzeugs. Ein Lastwagen wird schließlich nicht als Automobil für Freizeit oder Urlaub genutzt, er ist eine Maschine, deren Besitzer hohen Nutzen erwartet. Jeder Tropfen Dieselöl, den ein Lastwagen verbraucht, schlägt sich in der Jahresbilanz, der Gewinn- und Verlustrechnung eines Spediteurs nieder, und dies angesichts der hohen Kilometerleistung um ein Vielfaches multipliziert. Dies war der Ansatz für eine neue Entwicklung von Mitsubishi Motors. Ende der achtziger Jahre begannen umfangreiche Versuche im Windkanal von Okazaki und in den Entwicklungszentren für Nutzfahrzeuge des Unternehmens. Die bisher zerklüfteten Bugformen der Lastwagen wurden geglättet, das Fahrerhaus und der Aufbau sorgsam den strömungsgünstigsten Linien angeglichen. Nach unzähligen Stunden filigraner Arbeit am Tonmodell und letzten Änderungen an der originalgetreuen Form rollte der Prototyp einer neuen Lastwagengeneration aus der Halle: Der Mitsubishi MT-90 X. Brummi möchte man den glatten und windschnittigen Transporter kaum mehr nennen, von der alten Trucker-Romantik ist am MT-90 X nicht mehr viel haften geblieben. Der Schwerlastwagen ist fast völlig verkleidet. Von der mächtig bereiften Zwillingsachse unter dem Fahrzeugheck kann der Betrachter kaum etwas entdecken, Fahrerhaus und Aufbau scheinen aus einem Stück geformt zu sein. Die Unterkante des geräumigen Kofferaufbaus wird von einer Schürze abgerundet; der Luftwiderstandsbeiwert des MT-90 X ist beinahe atemberaubend: Mit c_w 0,38 erreicht der Mitsubishi-Prototyp einen Wert, der bis vor kurzem noch für Großserienlimousinen als aufsehenerregend galt. Unter dem behutsam geformten Kunststoff verbergen sich jedoch weitere bislang unbe-

stungsfähige Systeme anbieten können, die wohl in ferner Zukunft neben den wirtschaftlichen und sicherheitsrelevanten Aspekten eines Automobils einfach zum Serienstandard gehören werden. Erste Ansätze sind bereits jetzt bei einigen Herstellern zu erkennen, die Limousinen in »rollende Büros« verwandeln.

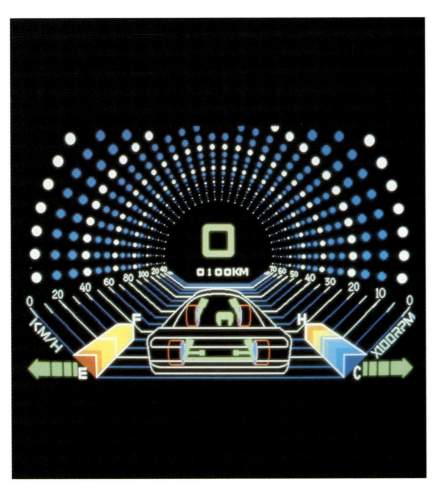

kannte Details. Die Sicherheit des MT-90 X schützt seinen Fahrer und andere Verkehrsteilnehmer. Die Bauteile, die den Wind sanft um die Karosserie des Lastwagens herumleiten, sind an den wichtigen Stellen ausreichend verstärkt, um auch als Unterfahrschutz dienen zu können. Bei einer Kollision mit Personenwagen wirken sie wie Knautschzonen und verhindern, daß die niedrigere Limousine unter die Räder des Lastwagens gerät. Das aufwendige Spiegelsystem an beiden Seiten der Front des MT-90 X hilft dem Fahrer nicht nur beim Rangieren, es überbrückt auch den für Lastwagen typischen »toten Winkel« und dient obendrein als Luftleitblech.

Die elektronische Ausstattung des Super-Lastwagens mag manchem Spediteur als paradiesische Möglichkeit für den Gütertransport erscheinen. Über Datenfernleitung und Satellitenfunk ist der Lastwagen ständig mit der Zentrale verbunden. Der Bordcomputer errechnet mit jedem gefahrenen Kilometer aufs neue die günstigste Fahrstrecke – abhängig von Auftragseingängen, Verkehrslage und Witterungsverhältnissen. Den »Papierkram« kann der Fahrer fast völlig vergessen, denn der Rechner erstellt selbständig über einen Drucker Lieferscheine, brandaktuell vor Ort. Doch nicht nur die Organisation des Speditionswesens übernimmt der Computer des MT-90 X, auch den Motor, die Nebenaggregate und die Beladung des Lastwagens überwacht er. Den Fahrer weist er gegebenenfalls auf unwirtschaftliche Fahrweise hin, erinnert ihn an die vorgeschriebenen Ruhepausen und kann sogar bei erheblichen Überschreitungen der erlaubten Lenkzeiten die Treibstoffzufuhr des Motors so weit drosseln, daß der Fahrer sich eines Besseren besinnt und sich zum Schlafen in die komfortable Koje über der Führerkabine legt.

Und trotz dieser zahlreichen revolutionären Neuheiten ist auch der MT-90 X nur ein weiterer Schritt zu neuen Transportsystemen. Wie Frachtstationen und Transporter im nächsten Jahrtausend aussehen können, haben Mitsubishi-Ingenieure bereits mit ihrem Entwurf der »Jumbo-Station«, einem Güter-Terminal der Zukunft, gezeigt. Der Straßentransport wird im Fernverkehr dann nur noch mit überschweren, dreigliedrigen Lastzügen abgewickelt, die aus einer Steuereinheit und zwei stromlinienförmigen Containern bestehen. Die Führerkabine ist als solche nicht mehr zu erkennen; die zwei Mann Besatzung in der Steuereinheit des Lastzuges arbeiten in einer Atmosphäre, wie sie in den Cockpits von Passagierjets herrscht. Auch die Terminals, an denen die Lastzüge andocken und mit Container beladen werden, gleichen den sternförmigen Flugsteigen heutiger Airports.

Eine Studie mit Charakter

Obwohl die Ziele klar abgesteckt sind, hat jeder Hersteller seine eigene Vorstellung vom Automobil der Zukunft. Bei Mitsubishi Motors wird diese Vorstellung konsequent weiterentwickelt und teilweise in der Serienproduktion verwirklicht. Dies ist heute übrigens der übliche Weg, der bei Weiterentwicklungen von Verkehrs- und Fahrzeugsystemen beschritten wird: Ein Zukunfts-Mobil als Ganzes kann nicht mit einem Paukenschlag vorgestellt werden. Die meisten Konzepte basieren auf der Idee, daß sich auch das Umfeld des Automobils, wie Straßen, Verkehrsleitsysteme und natürlich die Bedürfnisse seiner Benutzer, ändern wird. Die wenigsten Stu-

Das Experimentalfahrzeug MP-90 X stammt bereits aus dem Jahre 1985.

Mitsubishis Schwerlastwagen von morgen: der MT 90 X.

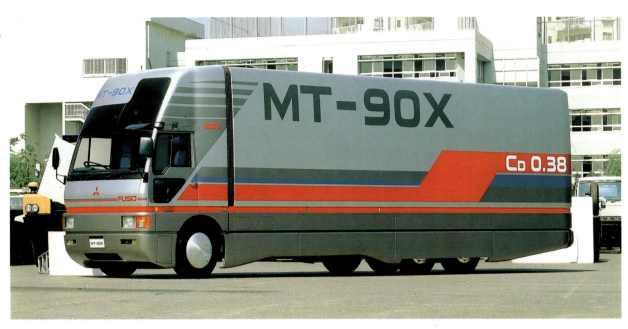

Werden nach der Jahrtausendwende dann solche multifunktionalen »Brummis« unsere Versorgung übernehmen?

dien, die auf Automobil-Ausstellungen stolz präsentiert werden, sind daher tatsächlich funktionstüchtig. Einzelne Ideen werden aus dem Gesamtkonzept dieser Studien herausgegriffen und Stück für Stück in der Großserienproduktion umgesetzt.

1985 wurde eine solche Studie von Mitsubishi Motors auf der Tokio Motor Show vorgestellt: Das Experimentalfahrzeug MP-90 X. Die Verwendung neuer Kunststoffe – sie wurden in anderen Unternehmen der Gruppe entwickelt – ermöglichte eine Karosserieform mit extrem niedrigem Luftwiderstandsbeiwert; c_w 0,22 wurde dem flachen, dynamisch wirkenden MP-90 X nach Windkanalmessungen bescheinigt. Um diesen unglaublichen Wert zu errei-

chen, griffen die Mitsubishi-Entwickler zu zahlreichen Hilfsmitteln. Die Unterseite der Versuchskarosserie wurde vollständig verkleidet. Dies verhindert, daß sich Luftwirbel unter der Karosserie bilden und die Aerodynamik nachteilig beeinflussen. Außenspiegel sucht man am MP-90 X vergeblich. Statt dessen wird der Blick nach hinten mit Lichtleitkabeln ermöglicht, die dem Fahrer über Monitore mitteilen, was hinter seinem Fahrzeug vor sich geht. Ein weiteres wichtiges aerodynamisches Hilfsmittel ist der verstellbare Spoiler am Wagenheck. Seinen Anstellwinkel ändern kleine Servomotoren abhängig von der Fahrgeschwindigkeit. So bleibt einerseits der Luftwiderstand, andererseits der Auftrieb bei hohem Tempo gering.

Völlig neu war auch die Idee einer aktiven Helligkeitskontrolle innerhalb der Fahrgastzelle. Die ausladende Kunststoffverglasung der Kabine wird elektronisch getönt – je nach Sonneneinstrahlung und Helligkeit außen. Auf diese Weise konnte der Aufheizeffekt, den aus aerodynamischen Gründen schrägstehende Front und Heckscheiben mit sich bringen, weitgehend vermieden werden. Die Temperaturkontrolle im Innenraum übernimmt darüber hinaus eine Klimaanlage, ebenfalls elektronisch geregelt, versteht sich. Der Tank des MP-90 X sitzt an einer völlig ungewöhnlichen Stelle. Er hat seinen Platz unterhalb der Karosserie und bedeckt den Wagenboden fast völlig. Die Forschungsergebnisse der Mitsubishi-Ingenieure bestätigten, daß die Unterseite eines Automobils nur selten beschädigt wird. Grundberührung schließt die automatische Niveauregulierung des elektronischen Fahrwerks fast völlig aus; der Treibstoffbehälter befindet sich daher an einem sehr sicheren Platz. Er wird ohnehin aus hochfestem Kunststoff gefertigt und übersteht einen Aufprall bis in mittlere Geschwindigkeitsbereiche hinein völlig unbeschädigt. Neben der großen Kapazität bietet diese Art der Tankmontage Vorteile für das Fahrverhalten des Wagens: Der Schwerpunkt des MP-90 X liegt ungewöhnlich tief, sicheres Kurvenverhalten und hervorragender Geradeauslauf bei Höchstgeschwindigkeit sind die Folge.

Die für das Fahren selber relevante technische Ausstattung des Mitsubishi-Zukunfts-Mobils entspricht den hohen Erwartungen, die man aufgrund der beeindruckenden Form hat: Der Motor arbeitet bei niedrigen Drehzahlen mit zwei, bei höheren mit drei Ventilen in jedem Zylinder. Dies soll einen geringeren Treibstoffverbrauch im Kurzstreckenverkehr und bessere Leistungsausbeute auf schnellen Streckenabschnitten gewährleisten. Alle vier Räder werden beständig über ein Zentraldifferential angetrieben; Allradlenkung ist für den MP-90 X ebenfalls vorgesehen. Für Fahrsicherheit sorgen weiterhin ein Antiblockiersystem und eine in Abhängigkeit von der Geschwindigkeit arbeitende Servolenkung.

Aufsehen erregt auch das Innenleben des Mitsubishi-Experimentalfahrzeugs. Im Cockpit werden dem Fahrer drei Möglichkeiten der Kommunikation geboten: Das Navigationssystem erleichtert die Streckenwahl und hilft den Weg durch Großstädte zu finden; das zentrale Informationssystem liefert die relevanten Daten über Motor, Fahrwerk und Straßenzustand; das Kommunikationssystem ermöglicht den ständigen Kontakt mit der Außenwelt.

Das Navigationssystem GPS wird von zwei Datenbänken gespeist: Einmal bekommt der Rechner seine Informationen von Compakt-Discs, auf denen Stadtpläne, Straßen- und Landeskarten digitalisiert gespeichert sind. Diese Bilder werden auf einen Monitor gespielt, der Computer berechnet den besten Weg zum Ziel. Dies wiederum geschieht in Abhängigkeit von Witterung, Verkehrslage und Fahrzeugzustand. Wird der Treibstoffvorrat knapp, sucht der Computer also einen Weg, auf dem entweder bald eine Tankstelle erreicht werden kann oder nur wenig Benzin verbraucht wird. Um Staus leitet er den Fahrer des MP-90 X problemlos herum, wägt dabei ab, ob der Umweg eine Zeitersparnis bringt. Die zweite Informationsquelle von GPS ist das NAVSTAR-Satelliten-Navigationssystem. Rund um den Erdball kann der Rechner dank der ständig empfangenen Funksignale der Satelliten die Position des Wagens feststellen – auf fünf Meter genau.

Das zentrale Informationssystem des MP-90 X arbeitet intelligent, das heißt, weitergeleitet werden nur die im Augenblick wichtigen Daten. Erst wenn die Fahrsituation oder technische Defekte es erfordern, erhält der Fahrer weitere, im Augenblick wichtige Informationen. Er kann sich also auf den Verkehr konzentrieren, muß nicht ständig eine Fülle von Meldungen verarbeiten, die ihn ablenken. Ständig werden nur Fahrgeschwindigkeit und Motordrehzahl angezeigt. Ist der Motor noch kalt oder steigt die Wasser-

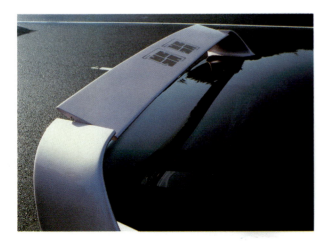

Aerodynamisches Hilfsmittel: Je nach Fahrgeschwindigkeit verstellbarer Heckspoiler.

Der Galant HSR – ein Forschungsauto der Superlative.

149

beziehungsweise Öltemperatur überdurchschnittlich schnell an, legt der Rechner diese Werte auf das Monitor-Display. Die meisten weiteren Daten kann der Fahrer über Knopfdruck abfragen. Erst wenn sich einer von ihnen außerhalb der im Rechner programmierten Werte bewegt oder ändert, wird er mit genauer Meldung weitergeleitet. Die Monitore, auf denen all diese Informationen zu sehen sind, lassen sich mit herkömmlichen Fernsehschirmen nicht mehr vergleichen. Um Platz zu sparen und die Betriebssicherheit zu erhöhen, werden sie aus Flüssigkristallanzeigen zusammengesetzt. Dieses System gewährt eine hohe optische Auflösung und arbeitet mit geringer elektrischer Energie.

Das integrierte Kommunikationssystem macht den MP-90X zum rollenden Büro. Der Bordrechner übernimmt auch hier die wichtigste Rolle. Er steuert das Modem, mit dem sich alle Arten von Peripheriegeräten der elektronischen Datenverarbeitung wie Fernkopierer, zusätzliche Speichermedien und Tastaturen koppeln lassen. Die speziell entwickelte Software macht es möglich, daß auf diese Weise vom Platz hinter dem Lenkrad aus auf die Großrechenanlage im Büro zugegriffen werden kann. Der Fernkopierer erstellt unterwegs aktuelle Preislisten oder Angebote. Ein Drucker im MP-90X erfüllt gleich zwei Funktionen: Zum einen kann er als ganz normaler Matrixdrucker für die Arbeit mit dem Rechner benutzt werden, zum anderen erstellt er mit Hilfe des Computers vor dem Werkstattbesuch einen genauen Zustandsbericht über das Fahrzeug. Der Mechaniker im Mitsubishi-Stützpunkt bekommt also gleich zu Beginn seiner Arbeit einen exakten Arbeitsbogen an die Hand, der ihm sagt, welche Kontrollen oder Reparaturen er zusätzlich zum normalen Wartungsintervall auszuführen hat.

Dies alles mag freilich nach Zukunftsmusik klingen. Mitsubishi Motors hat – wie gesagt – den MP-90X mit all den elektronischen Möglichkeiten bereits 1985 vorgestellt. Die Zukunft hat bereits begonnen.

HSR – High Speed Research

Wer immer noch glaubt, japanische Automobilkonstrukteure würden durch das nationale Tempolimit in ihrer Entwicklungsarbeit gebremst, wird durch eines der jüngsten Experimentalfahrzeuge eines besseren belehrt. Mitsubishi Galant HSR (HSR für High Speed Research) heißt der flache Renner, der auf den Konstruktions-Monitoren in Okazaki entstanden ist. Dieser Prototyp dient als Forschungsauto, mit dessen Hilfe Mitsubishi Motors die Automobiltechnik weiter verfeinert und künftige Projekte testet. Im Galant HSR wurden zahlreiche neue aus der Weltraumforschung stammende Werkstoffe eingesetzt. Sie gewährleisten, daß der bis zu 320 Kilometer in der Stunde schnelle Wagen äußerst verwindungssteif ist und daß trotzdem nicht auf das Prinzip des Leichtbaus verzichtet werden mußte. Dem Galant HSR liegt ein Konzept zugrunde, das Markt- und Zukunftsforscher in aufwendigen Studien erarbeitet haben. Demnach werden die Bedürfnisse des normalen Autofahrers schon bald die Fähigkeiten heutiger Automobile überfordern. Um diesen künftigen Bedürfnissen zu entsprechen, wurden drei Kriterien der Entwicklung des Galant HSR zugrunde gelegt: Sicheres und vorhersehbares Fahrverhalten, fortschrittliche Kommunikationsmöglichkeiten sowie computergestützter Betrieb.

Die Karosserieform des Super-Galant ist – getreu den japanischen Vorstellungen der Verknüpfung von natürlichen Formen und technischem Design – an die Gestalt des Nazca-Kolibris in der peruanischen Hochebene geknüpft. Die Silhouette dieses Kolibris – sie wurde in früher Vorzeit von unseren Urahnen in den Erdboden geritzt und ist eine von vielen Figuren – besticht durch ihre harmonische Form und die ausgewogenen Proportionen. Bis heute kann nicht erklärt werden, mit welchen Techniken die sich über mehrere hundert Meter erstreckende Kolibri-Figur mit derartiger Präzision gezeichnet werden konnte.

Als Symbol für eine in dieser Zeit unvorstellbar hoch entwickelte Kultur prangt der Nazca-Kolibri auf der flachen Motorhaube des Galant HSR. Seine Karosserie besteht aus hochfestem Kevlar und Polycarbonat. Selbst Teile seines Fahrwerks werden aus diesem Kunststoffmaterial hergestellt; der neue Werkstoff kann wesentlich leichter geformt werden als herkömmlicher Karosseriestahl. Der Galant HSR war bei seiner Vorstellung auf dem Genfer Automobil-Salon 1988 Weltmeister in Sachen Aerodynamik. Sein Luftwiderstand liegt bei $c_w\, 0{,}20$, ein Wert der bisher nur im Flugzeugbau als erreichbar galt.

Von oben nach unten: Außenrückspiegel wurden durch Kameras am Heck ersetzt, die ihre Bilder auf den als Mini-Fernsehschirm gestalteten Innenrückspiegel überspielen. – Der Bordcomputer überprüft nicht nur sämtliche Fahrzeugfunktionen, sondern hilft auch bei der Satelliten-Navigation. – Gesteuert wird der Galant HSR über Griffmulden in der Steuerkonsole. – Zum bequemen Ein- und Aussteigen schwenken die Sitze mit Hosenträgergurten aus dem Fahrzeug.

Mit dem HSR II sind die Entwicklungsingenieure von Mitsubishi der Zukunft einen beeindruckenden Schritt näher gekommen (folgende Doppelseite).

Die ausladende Schürze am unteren Ende der Karosserie bewirkt einen Effekt, der mit diesem hohen Wirkungsgrad nur im Motorsport bekannt war: Mit zunehmender Geschwindigkeit baut sich unter dem Wagenboden ein Unterdruck auf, der die Bodenhaftung des Galant HSR um ein Vielfaches steigert. Außerordentlich hohe Kurvenstabilität und hervorragende Geradeauslaufeigenschaften sind die Folgen der gelungenen Verknüpfung von Design und fahrphysikalischen Konstruktionsmerkmalen.

Das hochentwickelte Triebwerk des Galant HSR fordert genau diese tadellosen Fahreigenschaften und Straßenlage: Der Zweiliter-Vierzylinder-Reihenmotor erreicht dank Vierventiltechnik, zwei obenliegenden Nockenwellen und Turbolader 295 PS Leistung bei 8000 Umdrehungen. Das höchste Drehmoment liefert das bärenstarke Aggregat mit 337 Newtonmeter bei 5000 Umdrehungen. Die Höchstgeschwindigkeit des HSR wird nur ungefähr angegeben: Über 320 Kilometer in der Stunde rennt das Zukunftsauto. Das Fahrwerk erfüllt die hohen Anforderungen, die der Motor des Galant HSR stellt. Mit permanentem Allradantrieb, hydraulischer Allradlenkung, Einzelradaufhängung und einem auf alle vier Räder wirkenden Antiblockiersystem basiert es letztlich auf dem Fahrwerk des Galant Dynamic 4, dem Spitzenprodukt der Modellpalette von Mitsubishi Motors. Auch Grundzüge der Karosserieform erinnern an die aktuellen Top-Modelle des japanischen Herstellers: Die sanfte Wellenbewegung in der seitlichen Silhouette hat der HSR mit Colt, Lancer und Galant gemein.

Das Innenleben des Forschungsfahrzeugs dagegen mutet wie der Kommandostand eines Raumfahrzeugs aus der fernen Zukunft an. Die bereits im Mitsubishi MP-90 X erprobten Systeme wurden verbessert, die Bedienungsfreundlichkeit noch stärker der menschlichen Ergonomie angepaßt. Steuer-, Überwachungs- und Kommunikationssysteme wurden innerhalb einer elektronischen Einheit, dem Overall Operating Control System (OCS), zusammengefaßt. Dieses computergestützte System überwacht und steuert nicht nur alle Fahrfunktionen des Galant HSR, sondern bietet dem Fahrer auch Informations- und Kommunikationsmöglichkeiten, mit denen bisher nur Flugzeuge jüngsten Baudatums ausgerüstet werden.

Fortschritt dank Forschung

Zur Tokio Motor Show 1987 – mittlerweile eine der wichtigsten Automobil-Ausstellungen der Welt – präsentierte Mitsubishi Motors mit dem Forschungsfahrzeug HSR I (High Speed Research I) einen Ideenträger für künftige Teillösungen der automobilen Zukunft. Und wie bei fast jedem Forschungsauto fanden zahlreiche Details des ultraflachen Renners mittlerweile in der Großserie ihre Verwirklichung. So bekommt der Mitsubishi Galant einen permanenten Allradantrieb, Allradlenkung oder elektronisch geregelte Fahwerkabstimmung, die in langen Testreihen im HSR I unter realistischen Bedingungen erprobt werden konnten.

Die Arbeit in den Entwicklungsabteilungen des Unternehmens ruhte währenddessen natürlich nicht, mittlerweile reifte die Zeit für ein neues Forschungsauto, in dem wiederum richtungsweisende Konzepte für die Zukunft des Automomils getestet werden können. Wiederum zur Tokio Motor Show präsentiert Mitsubishi 1989 den HSR II. Schon die Optik des neuen Entwicklungsfahrzeugs kann begeistern. Die Karosserieform wurde direkt von den Linien aerodynamischer Flugzeug-Studien abgeleitet. Ein Luftwiderstandsbeiwert von nur $0{,}20\,c_w$ war die Folge der konsequenten Stromlinie. Doch nicht allein gute Aerodynamik war das Forschungsziel der Mitsubishi-Ingenieure.

Der HSR II verändert seinen Luftwiderstand automatisch und entsprechend der jeweiligen Fahrbedingungen. Bei Geradeausfahrt erreicht das Auto $0{,}20\,c_w$, beim Bremsen erhöhen ausfahrbare Spoiler den Luftwiderstand auf bis zu $0{,}40\,c_w$, bei extremen Kurvenfahrten steigt der c_w-Wert auf 0,50, um Bodenhaftung und Fahrstabilität zu verbessern. Zwei Heckklappen, zwei seitliche Luftleitbleche und der variable Bugspoiler werden zu diesem Zweck ausgestellt und wirken dann – ähnlich wie Bremsfallschirme von Jagdflugzeugen – stark verzögernd. Die elektronische Steuerung der verschiedenen Flügel übernimmt ein Zentralcomputer, der hinter den beiden Fahrersitzen im Heck des HSR II-Passagierraumes stoßsicher und klimatisiert eingebaut wird.

Auch der Einstieg ins Cockpit des HSR II erinnert an die Luftfahrt. Die Dachhaube klappt beim Öffnen der Türen zusätzlich nach oben, so daß der Fahrer ohne Mühe in den körpergerecht ausgeformten Schalensitz gleiten kann. Die Armaturentafel wird von mehreren Monitoren beherrscht. Sie zeigen die zahlreichen Informationen an, die das Sensorsystem des HSR II liefert. Sie warnen den Fahrer vor entfernten Hindernissen auf der Straße, erstellen graphische Bilder der Verkehrswege bei schlechten Sichtverhältnissen wie Nebel, Regen oder Dunkelheit, ermitteln den Abstand zu vorausfahrenden Fahrzeugen, können den HSR II sogar ohne den Fahrer millimetergenau in enge Parklücken manövrieren. Das System, von Mitsubishi OCS II genannt, ist der Grundstein für ferngesteuertes und fahrerloses Fahren des Automobils der Zukunft. Mit der entsprechenden Infrastruktur, etwa in die Fahrbahn eingelassene Induktionsschleifen oder ähnliche elektronische Leitsysteme, könnte der HSR II sicher lange Entfernungen überwinden, während seine Insassen über Computer und Datenfunk mit ihrem Büro kommunizieren.

Der Fahrspaß kommt jedoch nicht zu kurz. Natürlich bleibt es dem Fahrer überlassen, ob er die Kontrolle des Wagens dem Rechnersystem übergibt oder das Lenkrad selbst in die Hand nimmt. Die Motorleistung zumindest verspricht eine souveräne Art der Fortbewegung. 350 PS leistet der Dreiliter-V6-Turbomotor mit Vierventiltechnik bei 7000 Umdrehungen. Dabei ist das Triebwerk nicht allein auf Spitzenleistung ausgelegt. Mit 450 Newtonmeter Drehmoment zwischen 2500 und 4500 Umdrehungen arbeitet der V6 elastisch und geräuscharm. Das gewaltige Leistungspotential wird von einer elektronischen Viergangautomatik gebändigt, Allradantrieb und Vierradlenkung sorgen für bestes Traktionsvermögen sowie sicheres Fahrverhalten.

Als rollendes Labor wird der HSR II nun die Anwendungen der fortschrittlichen Technologien für den Serienautomobilbau erproben.

Die Zukunft hat begonnen

Auch das Experimentierfahrzeug HSR II wird gewiß nicht in den nächsten Tagen bei den Mitsubishi-Händlern stehen. Dennoch gibt die Studie, wie schon HSR I, zahlreiche Denkanstöße, wie Autos in der nahen Zukunft aussehen können, welche Anforderungen an die Transportmittel des nächsten Jahrtausends gestellt werden. Während HSR I und II als mittelfristige Konzepte anzusehen sind, prüfen die Experten im Mitsu-

»Flaps«, wie diese beiden aus dem Flugzeugbau entlehnten Heckklappen heißen, regulieren ganz nach Bedarf den Anpreßdruck zum Beispiel bei Kurvenfahrt. Im Zusammenwirken mit den seitlichen Luftleitflächen und dem variablen Bugspoiler erhöhen sie außerdem die Bremswirkung.

Beschleunigungskräfte bei einem Unfall sehr viel besser und gleichmäßiger auf den Körper des Passagiers verteilen. Später könnten sogar Magnetfelder eingesetzt werden, die die Verletzungsgefahr bei Unfällen selbst bei hoher Geschwindigkeit nahezu ausschließen. Der Kraftstoff, mit denen Automobile angetrieben werden, könnte vielleicht aus einer Kassette kommen. Wenn es der Forschung gelingt, Energievorräte auf kleinstem Raum zu speichern, würde ein winziger Behälter mit hochkonzentriertem Kraftstoff ausreichen, um das Fahrzeug mehrere Jahre lang mit Brennstoff zu versorgen. Statt zu Tanken wird dann einfach die Energiekassette gewechselt.

Die Flexibilität des Automobils wird in der Zukunft eine immer wichtigere Rolle spielen, bishi-Entwicklungszentrum in Okazaki auch Pläne und Denkmodelle für fernere Zukunft. Schöne Formen mit klarer Funktion sind wohl die wichtigsten Konstruktionsmerkmale, die niemals an Bedeutung verlieren werden. Eine weitere Perspektive bieten akustische Autosteuerungen, mit deren Hilfe das Fahrzeug per Zuruf kontrolliert wird, verschiedene Systeme sind bereits in der Erprobung. Computer werden nach Ansicht der Mitsubishi-Techniker eine immer wichtigere Rolle im Automobilbau spielen. Über Sensoren erhalten sie ihre Informationen, steuern den Wagen nach den äußerlichen Gegebenheiten und dem Persönlichkeitsmuster des Fahrers. Eine Sicherheitsweste wird früher oder später den Sicherheitsgurt ersetzen und die

Werden wir uns in Zukunft nur noch in solchen »Solo-Autos« durch den Stadtverkehr schlängeln?

Das macht Sinn: Dieses Zukunftsauto läßt sich zum Parken raumsparend zusammenfalten und bietet im flachen Fahrzustand dem Wind geringen Widerstand.

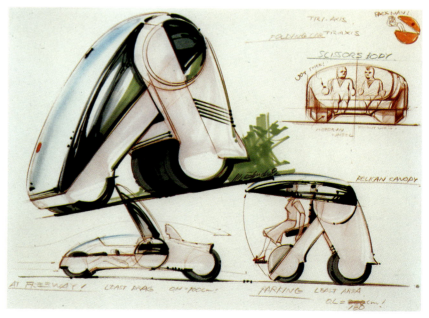

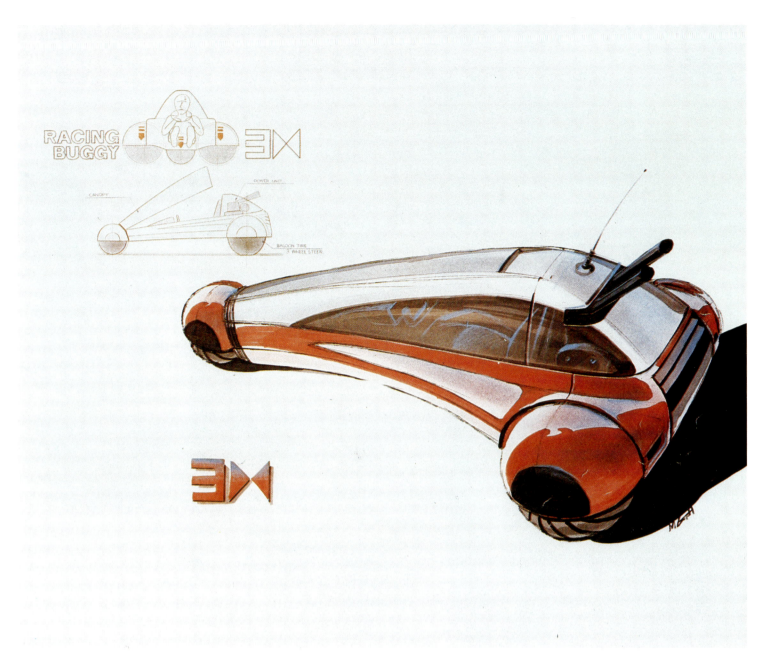

Für ganz Schnelle auf dem Weg in die Zukunft könnte dieser »Racing Buggy« gedacht sein, der ebenfalls in der Mitsubishi-Ideenschmiede zumindest den Weg aufs Papier fand.

Für den Frachtverkehr der Zukunft hat Mitsubishi interessante Perspektiven entwickelt (folgende Doppelseite).

darüber sind sich alle Entwickler und Konstrukteure einig. Bei Mitsubishi ist solch ein »Mehrgestalt«-Fahrzeug bereits als Studie auf dem Monitor entstanden. Der Mirage 2001 kann je nach Verwendungszweck und Verkehrssituation seine Höhe und Länge ändern, aus dem geräumigen Transporter wird in Sekundenschnelle ein kompakter Stadtwagen. Noch kleiner jedoch kann das »Solo-Auto« werden: Das Fahrzeug soll als kleinste Einheit eines Nahverkehrskonzepts für die Zukunft eingesetzt werden und besteht aus nur wenigen Komponenten – Sitz, Motor und Steuereinheit für einen Passagier. Gleich welche Formen der Straßenverkehr in den nächsten Jahrhunderten annehmen wird, die Mitsubishi-Ingenieure haben für viele Bereiche ausbaufähige Konzepte bereit. Nur so viel ist sicher: Die Drei Diamanten werden wohl immer deutlicher als Symbol für moderne und effektive Lösungen bei Transportaufgaben im Personen- und Güterverkehr zu sehen sein.

Bildnachweis:

Mitsubishi Corporation/Archiv (134)

MMC Auto Deutschland GmbH/Archiv (29)
Tokyo Eizosha (15)
Keystone (1)
MMC/Seufert (3)/Kettler (1)/Wagner (2)/Walter (1)/Hütten (1)/Lindlahr (1)

Graphiken: Mitsubishi Motors Corporation (21)